MASA最愛！
世界五大美食國家料理

一看就懂，結合550張手繪稿與美食照片的食譜

PREFACE 作者序

以手繪稿的方式介紹 "MASA Style" 料理

這次我決定用繪圖的方式介紹食譜，大家應該會嚇到吧？感覺像是太過冒險的挑戰？雖然我還在學習中，也不是成熟的藝術家(^^;?)，但我相信照片、影片、畫圖都是一樣表現自己作品的方式。

通常開始準備食譜書時，我會先企劃工作流程。但像這次畫圖的方式和以前拍照的狀況完全不一樣，無法預估大概以怎樣的速度作業才能完成……，所以在實際繪圖之前就已經感到很有壓力。

我本來就很喜歡畫畫，網路上也介紹過幾道繪本食譜。基本上，要把食譜利用插畫做成一本書需要畫幾百張圖，雖然我腦袋裡也已經了解要畫這麼多張，但實際開始畫時，就遇到沒有想像過的苦難(汗)。因為畫圖與拍照是不一樣的流程，需要花很多時間處理，而且在畫圖過程中我也一直想，到底這樣可不可以完成？？

雖然如此，但一直慢慢往前進行，也開始習慣這樣的流程，所以畫得越來越輕鬆。而現在的我覺得比之前更喜歡畫畫。

這本書剛開始的繪圖與後面畫的風格可能會不一樣。簡單地說，就跟《哆啦A夢》第1集與第45集中，哆啦A夢的外表也同樣不太像的意思。f(^_^;)

因為很容易看得到或畫出來，所以有的鍋子、碗、道具……等等大小可能與現實中的大小不太一樣，有些地方甚至會與現實中食材的外形、顏色也不太一致，所以請各位多多包涵！雖然我的畫圖還沒到很專業的程度，但每張圖都是我用靈魂與生命完成的！！(9炎Д炎)9

雖然這本書是以繪本的表現介紹料理，但也不是只為了畫畫而花很多時間，而是因為我希望畫圖與拍照的食譜設計一樣品質完美，沒有任何妥協！

由於主題是『世界美食』，所以我選擇了自己印象中最深刻的各種不同國家料理，當然不只簡單普通地介紹異國料理，還加入一些自己"MASA Style"來設計食譜。

因為這次是用畫畫，有一點懷念的感覺，所以有些料理介紹的文章也會稍微加入自己從小到現在的故事，希望各位可以好好欣賞。

希望透過這本書，讓平常不太習慣看食譜書的讀者也可以輕鬆地閱讀。因為我自己是外國人，寫的文章也不會太複雜，相信小朋友也可以很容易了解的。

最後，我想要向許多人表達感謝之意！首先，認識&合作很久的日日幸福Mavis、秀珊、Linda、 Steven、Sophia與瑤婷，他們都非常用心的製作每本書。不但每天忙碌地準備各種新書，還幫我處理許多與廠商與單位的合作事項，如果沒有大家的幫忙，也不會有現在的我。還有更感謝認識更久的Lydia，與平常不一樣的出書流程，也一起幫我找道具，處理了許多非常繁瑣的細節，衷心的感謝！

最後，對我而言非常重要的讀者們，在FB、食譜網站，還有活動現場都收到很多的鼓勵！因為有各位的熱情鼓勵，我才決定挑戰做這本書。真的謝謝大家！也希望很多讀者都能非常快樂、輕鬆地享受這本書。

はじめに

　今回絵を使ってレシピを紹介することにあたり、おそらくみなさんエ？！っと思われたと思います。無謀（？）にも、思える挑戦ですが、僕の中での考えは、写真、動画、絵、未熟ながら自分の作品/レシピを表現する手段のひとつだと信じています。

　毎回レシピ本の準備を始める前にあらかじめ段取りを決めて、作成に取り掛かります。しかし今回のように写真ではなく、絵を描く作業が、どの程度のスピードで進むのか見当がつきにくく、締め切りに間に合うようかどうか、準備開始前はかなり緊張した状態でした。

　絵を描くこと自体は好きで、レシピサイト上でも幾度か絵本レシピをシェアしたことはありましたが、今回のようにあらためて本という形にする際には、数百枚を描き上げることが必要です。頭の中では分かっているつもりでしたが、実際に行なってみてどれだけの労力が必要か痛感しました。写真とは違い、思わぬ工程で時間を費やしてしまったり、作成中これで大丈夫か？と正直何度も悩んだりしました。

　それでも続けて行くと、だんだんとコツの様なものがわかってきて、後半は割とリラックスした状態で描き進んでいくことができました。今は、絵を描く楽しさが以前よりも更に増したように思います。

　描き始めのころと、後半では少し(いや,,,かなり？)作風が変わっているのもわかると思います。例えで言えば、第1巻目のドラえもんと45巻目のドラえもんの見た目が結構違うと言えば分かりやすいでしょう（笑）。鍋や、ボウル、食材なども描きやすさ＆わかり易さ重視で大きさなどの比率が少し現実のものと違う場合が多々あります。その他いろいろ突っ込みどころがたくさんあると思いますが、そこはご愛嬌でよろしくお願いいたします。心を込めて描いたことに偽りはございません。

　今回は絵本というかたちではありますが、絵を描くことだけを重視したのではなく、妥協の無い、これまでに出版した、レシピ本と全く同じ完成度を追求しました。

　テーマは世界美食の旅。自分にとって印象深い国の料理を厳選いたしました。ただ、普通の異国料理のレシピの紹介にとどまらず、いつものMASAスタイルのアレンジを少し加えながら最終的にレシピを書き上げました。

　そして、今回絵本というちょっとノスタルジックな雰囲気を踏まえて、料理紹介の際には自分の幼少から今に至るちょっとしたエピソードもたま〜に織り交ぜています。そちらも目を通していただけると幸いです。

　この本を通じて、普段あまりレシピ本を見ない方も手にとって絵を見るような感じでリラックスして読んでくださると嬉しいです。僕自身外国人が書く中国語なので、難しい表現はありません、小さなお子様にもわかりやすい内容だと思います。

　最後に、この本を作成するにあたって、皆様にお礼を申し上げたいと思います。長い付き合いになる日日幸福のMavis, 秀珊, Linda, Steven, Sophia, 瑤婷さんたちの温かくそして、気の利くサポート。本準備期間の忙しい自分に代わって各関係者の方々とのコラボのお手伝いをしていただきとても感謝しております。皆さん無くしては今のようなMASAの発展はないと思っています。そしてもっともっと長い付き合いのリディア。絵を描くあたって道具の調達を手伝ってもらったりと色々現場での細かなヘルプに感謝します。

　そして、僕にとってとても大事な読者の皆さんのFB、レシピサイト、あるいはイベント会場での激励があるからこそこうして新たなチャレンジを行う決心がつきました。この場を借りてお礼を申し上げます。どうかたくさんの方々がこの本を楽しんでくれますように。

3

CONTENTS 目錄

作者序：以手繪稿的方式介紹 "MASA Style" 料理 ___2

索　引：本書食材與相關料理一覽表 ___198

PART 1
日本料理

菠菜松子燒&黃身酢醬 Spinach & Pine Nuts Omelet ___12

竹莢魚清湯 Horse Mackerel Tsumire Soup ___15

營養滿分的茶碗蒸 Full of Nutrition Chawan Mushi ___18

味道豐富味噌豬肉蔬菜湯 Tonjiru/Pork & Vegetable Miso Soup ___22

馬頭魚照燒風味牛蒡煮 Teriyaki Sauce Stewed Fish ___26

免捏照燒雞肉飯糰 Teriyaki Chicken Nigiri Sandwich ___29

福岡鄉土風筑前煮 Chikuzen-ni/Chicken & Vegetables Nimono ___32

豪華海鮮千層壓壽司 Layered Seafood Chirashi Sushi ___36

酸酸甜甜抹茶風味草莓大福 Matcha Strawberry Daifuku ___40

簡單手工抹茶冰淇淋 Home made Matcha Ice Cream ___44

PART 2
法式料理

南法風健康海鮮沙拉佐蜂蜜優格醬 Nicoise Salad with Honey Yogurt Dressing ＿＿50

燻鮭魚&奶味馬鈴薯沙拉前菜 Smoked Salmon & Creamed Potato ＿＿54

媽媽味法式燉雞肉&蔬菜 Home made Pot au Feu ＿＿58

甜味豐富紅蘿蔔冷湯 Cold Carrot Potage ＿＿62

煎白身魚清爽奶油白酒醬 Sautéed Fish with White Wine Sauce ＿＿66

法式牛肉紅酒 Koto Koto 煮 Bourguignon Style Beef Stew ＿＿69

彩色蔬菜餡法式鹹派 Vegetarian Quiche ＿＿72

香噴噴法式蛤蜊飯 Clams & Butter Steamed Rice ＿＿76

法式柳丁奶油醬可麗餅 Suzette Style Crepe with Orange Sauce ＿＿80

超級酥脆！巧克力卡士達醬泡芙 Chocolate Custard Creamed Puffs ＿＿84

PART 3
義式料理

鯛魚&烤甜椒Carpaccio佐黃芥末美乃滋沙拉醬
　Snapper Carpaccio with Mustard Sauce ＿＿90

番茄&蝦子油漬天使麵沙拉 Tomato & Prawns Capellini Salad ＿＿94

5

- 今日推薦蔬菜湯義式茄汁 Today's Special Minestrone Soup ___98
- 鄉村風花腰豆濃湯 Pinto Beans Soup ___102
- 佛羅倫斯風香烤豬里脊肉 Florence Style Pork Sautee ___106
- 香煎雞腿肉佐巴薩米克醋醬 Sauteed Chicken with Balsamic Sauce ___110
- 蝦湯風味義式燉飯 Risotto Seafood Risotto with Prawn Stock ___114
- 濃郁&滑潤快速 Carbonara Rich & Creamy Carbonara ___117
- 義式鮮奶酪佐蛋黃醬 Panna Cotta with Fruits ___120
- 南瓜風味提拉米蘇 Squash Tiramisu ___124

PART 4 西班牙料理

- 經典馬鈴薯&綠櫛瓜歐姆蛋 Potato & Zucchine Spanish Omelet 130
- 香煎豬排&香烤甜椒 Sautéed Pork with Roasted Peppers 133
- 鷹嘴豆&蔬菜清湯 Chick Peas & Vegetables Soup 136
- 毛豆白酒燉煮蛤蜊白身魚 Braised Fish with Clam Sauce 139
- 清爽番茄&烤甜椒冷湯 Tomato & Paprika Cold Potage 142
- 西班牙風味白酒蒜味蝦 Prawns with White Wine & Garlic Sauce 146
- 雞腿肉西班牙燉飯 Paella Chicken Paella 150
- 茄汁彩色蔬菜燉飯 Vegetable Paella with Tomato Sauce 154

西班牙風肉桂焦糖布丁 Spanish Style Caramel Pudding 158

西班牙檸檬風味白米露 Creamed Sweet Rice Soup 161

PART 5
泰國料理

冬粉蝦子&中卷辣味沙拉 Seafood Green Bean Noodles Salad 166

泰式梅子風味酸辣湯 Spicy Prawn Soup with Ume boshi 169

泰式蝦子&絞肉可樂餅 Thai Style Shrimp Croquette 172

辣味龍田揚雞腿 Stir Fry Chicken & Cashew Nuts 176

豬肉&冬粉蔬菜清湯 Pork & Green Bean Noodles Soup 180

涮涮牛肉椰奶味噌風味咖哩 Beef Coconuts Flavor Curry 183

絞肉九層塔風味 Lunch Plate Spicy Meat Sauce Lunch Plate 186

泰式風味鮮蝦蛋炒飯 Prawn & Egg Stir Fried Rice 189

三色丸子椰奶粉圓 Three Color Dumplings Soup 192

地瓜小球甜甜圈 Sweet Potato Dumpling Doughnuts 195

> MASA的
> 貼心小叮嚀

1. 本書材料重量與容量換算表：
 ◆1公斤＝1000g（公克）； ◆1杯＝200cc； ◆1大匙＝15cc； ◆1小匙＝5cc。
2. 各種調味料中，每種品牌的鹹度不一樣，建議您參考書上的比例，再調整成自己喜歡的口味。

PREFACE 如何使用本書

1. 每單元的主題，五個主題代表不同的五個國家料理。

2. 每道料理的美味名稱，讓您躍躍一試。

3. 每道料理的英文名稱。

4. 每道料理材料表中所做出來的份量。如果您買的食材份量一次用不完，可以參考書後的索引做其他的料理喔。

5. 此道料理賞心悅目的完成圖。

日本料理

福岡鄉土風筑前煮

Chikuzen-ni / Chicken & Vegetables Nimono

份量 2 個

6 材料一覽表，正確的份量是料理成功的基礎。

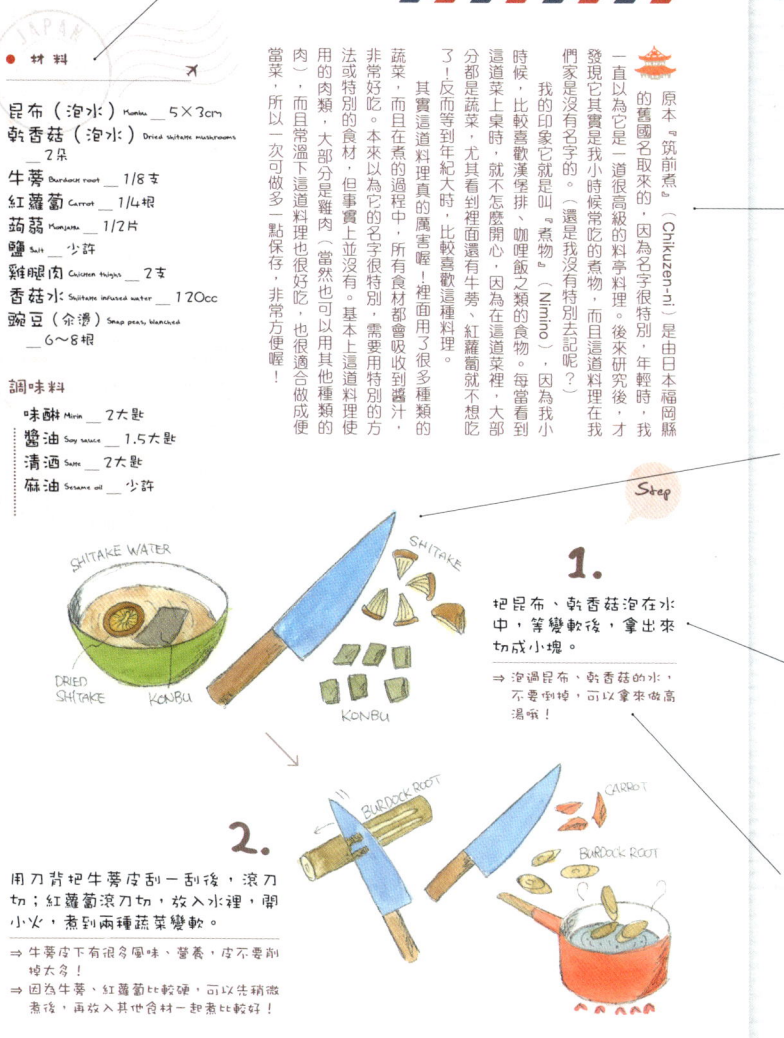

● 材料

昆布（泡水） Konbu＿5×3cm
乾香菇（泡水） Dried shitake mushrooms ＿2朵
牛蒡 Burdock root ＿1/8支
紅蘿蔔 Carrot ＿1/4根
蒟蒻 Konjac ＿1/2片
鹽 Salt ＿少許
雞腿肉 Chicken thighs ＿2支
香菇水 Shitake infused water ＿120cc
豌豆（余燙）Snap peas, blanched ＿6～8根

調味料

味醂 Mirin ＿2大匙
醬油 Soy sauce ＿1.5大匙
清酒 Sake ＿2大匙
麻油 Sesame oil ＿少許

原本「筑前煮」（Chikuzen-ni）是由日本福岡縣的舊國名取來的，因為名字很特別，年輕時，我一直以為它是一道很高級的料亭料理。後來研究後，才發現它其實是我小時候常吃的煮物，而且這道料理在我們家是沒有名字的。

我的印象它就是叫「煮物」（Nimno），每當看到這道菜上桌時，就不怎麼開心。因為在這道菜裡，大部分都是蔬菜，尤其看到裡面還有牛蒡、紅蘿蔔就不想吃了！反而等到年紀大時，比較喜歡這種料理。

其實這道料理真的厲害喔！裡面用了很多種類的蔬菜，而且在煮的過程中，所有食材都會吸收到醬汁，非常好吃。本來以為它的名字很特別，需要用特別的方法或特別的食材，但事實上並沒有。基本上這道料理使用的肉類，大部分是雞肉（當然也可以用其他種類的肉），而日常溫下這道料理也很好吃，也很適合做成便當菜，所以一次可以做多一點保存，非常方便喔！

7 MASA獨特風格的料理筆記，完整說明設計此份食譜的來龍去脈。

Step

SHITAKE WATER
DRIED SHITAKE
KONBU

SHITAKE
KONBU

1.
把昆布、乾香菇泡在水中，等變軟後，拿出來切成小塊。
⇒ 泡過昆布、乾香菇的水，不要倒掉，可以拿來做高湯喔！

8 製作分解手繪圖，可讓您對照操作方式是否正確。

9 詳細的文字解說，讓您在操作過程中更容易掌握重點。

BURDOCK ROOT
CARROT
BURDOCK ROOT

2.
用刀背把牛蒡皮刮一刮後，滾刀切；紅蘿蔔滾刀切，放入水裡，開小火，煮到兩種蔬菜變軟。
⇒ 牛蒡皮下有很多風味、營養，皮不要削掉太多！
⇒ 因為牛蒡、紅蘿蔔比較硬，可以先稍微煮後，再放入其他食材一起煮比較好！

10 操作過程中的關鍵秘訣，MASA會適時補充貼心的小叮嚀。

Spinach & Pine Nuts Omelet
Horse Mackerel Tsumire Soup
Full of Nutrition Chawan Mushi
Tonjiru/Pork & Vegetable Miso Soup
Teriyaki Sauce Stewed Fish
Chikuzen-ni/Chicken & Vegetables Nimono
Teriyaki Chicken Nigiri Sandwich
Layered Seafood Chirashi Sushi
Matcha Strawberry Daifuku
Home made Matcha Ice Cream

PART 1

日本料理

JAPANESE CUISINE

日本料理

菠菜松子燒 & 黃身酢醬

Spinach & Pine Nuts Omelet

份量 2 個

我要介紹一道很特別的料理！第一次看到這道料理時，感覺不像日本料理，而是比較像西洋料理。它是用當季蔬菜和雞蛋混合煎成的，做法和歐姆蛋有一點接近。這道料理沒有用到全蛋，只有使用蛋白來做料理。其實許多日本料理都會使用蛋白來做很多變化，因為蛋白可以保持食材本身的顏色，或增加另一個漂亮的顏色。但為了這一道料理只使用蛋白還是太浪費，所以我還會再利用蛋黃來做佐醬喔！它做起來有一點像法國料理的荷蘭醬（Holandaise sauce），蛋黃裡加一點醋調味，日文叫「黃身酢」（きみす，Kimisu）。濃郁的蛋黃味裡帶有一些酸味，吃起來很清爽！

這種口味的醬汁可以搭配味道清淡的雞胸肉、鱈魚與鮭魚等等。醬汁淋上去後，再放入烤箱，用上火烤到表面呈金黃色就可以。雖然只有一道菜卻可以學到兩種料理的技巧，真的划算喔！(˙▽˙)~♪

材料

菠菜 Spinach ___ 1把
紅蘿蔔 Carrot ___ 少許
松子 Pine nuts ___ 1大匙
蛋白 Egg white ___ 1個
鹽 Salt ___ 少許

黃身酢醬

蛋黃 Egg yolk ___ 1個
白醋 White vinegar ___ 10cc
鹽 Salt ___ 少許
砂糖 Sugar ___ 10g
清酒 Sake ___ 5cc

Step

1.
把菠菜切段；紅蘿蔔切絲。
⇒ 綠色蔬菜可以選擇自己順手可得的方便食材；紅蘿蔔也可以換成南瓜哦！

2.
把紅蘿蔔煮到軟後取出；放入菠菜氽燙後取出；另外鍋子可以開始煎松子。
⇒ 沒有松子的話，可用白芝麻代替喔！

3.
把蛋白和蛋黃分開；另取一容器，加入菠菜、紅蘿蔔，加入蛋白、鹽攪拌好。

PART 1

JAPANESE CUISINE

4. 將［黃身酢醬］的蛋黃放入鋼盆裡，加入白醋、鹽、砂糖與清酒，隔著溫水打發。

⇒ 隔著溫水一邊加熱一邊打發，這樣比較容易產生氣泡哦！

5. 長方形鍋開小火，加入一點油，等油均勻散開後，把做法3放進去煎。

⇒ 也可以使用圓形平底鍋喔！形狀不一定要做成長方形的，做成大阪燒的樣子也很好！

6. 將煎好的菠菜松子燒取出，切成容易吃的大小，再淋上［黃身酢醬］就完成了！

finsh

● 日本料理

Horse Mackerel Tsumire Soup

竹莢魚清湯

份量 **2** 個

『つみれ』(Tsumire)的意思是用魚漿類做成的丸子。說實話，我並不是那麼喜歡吃這種用魚漿做成的料理。所以在開始企劃這本書時，我猶豫了很久，到底要不要做這道料理呢？後來我決定了→身為廚師的我，不可以因為自己不喜歡，就不做給大家看，這樣就太不專業了吧！

決定後，就開始研究了各種不同的做法，結果試做N次後，就越來越喜歡這種湯！用新鮮的魚肉來做，用原來的自然食材做成的丸子，真的非常好吃！雖然只是魚丸湯，也可以加入各式各樣的蔬菜，這樣吃起來更營養喔！也可以和花枝漿混合做成丸子也OK的。

這道料理也很適合當火鍋的湯底，這次我用了清湯，換成味噌口味也不錯，不但變化很多也非常好喝。參考這道食譜，就可以做出好幾種不同變化的料理呢！

● 材料

紅蘿蔔 Carrot __ 1/4根
牛蒡 Burdock root __ 1/8支
薑 Ginger __ 3~4片
金針菇 Enoki mushrooms __ 1/2包
水 Water __ 600cc
昆布 Konbu __ 5cm×3cm
清酒 Sake __ 25cc
鹽 Salt __ 1/2小匙
醬油 Soy sauce __ 1小匙

竹筴魚餡

竹筴魚 Horse mackerel __ 200g
青蔥 Green onion __ 1/2支
鹽 Salt __ 少許
味噌 Miso __ 20g
太白粉 Potato starch __ 10g
毛豆（燙過）Steamed Edamame __ 適量

Step

1.
把紅蘿蔔、牛蒡、薑切薄片；金針菇切段。
⇒ 牛蒡泡在水裡約5分鐘，可以預防氧化喔！

2.
鍋子裡倒入水與泡約10分鐘以上的昆布，再倒入清酒、鹽與醬油，放入切好的食材，開中火讓它滾後，轉小火，繼續煮到牛蒡變軟。

PART 1

JAPANESE CUISINE

3. 竹筴魚餡

把竹筴魚、青蔥切丁後，混合打成泥狀。

⇒ 可以用自己習慣的白身魚，如：沙丁魚、鮭魚都很適合。

4.

加入鹽、味噌與太白粉混合拌好。

5.

用手切成球狀。

6.

放入鍋子裡，繼續煮到浮上來，然後將昆布取出切絲，加入汆燙的毛豆加熱一下，就可以裝碗喔～！

⇒ 加入魚肉丸的時候，火候不要太大，不然還沒凝固，就煮碎了，要慢慢來喔！

Finsh

17

日本料理

營養滿分的茶碗蒸
Full of Nutrition Chawan Mushi

份量 4 個

● 材料

蝦子 Prawns __ 4隻
雞腿肉 Chicken thigh __ 1支
醬油 Soy sauce __ 1/4小匙
乾香菇（泡水）Dried shitake mushrooms __ 2朵
魚板 Kamaboko __ 適量
紅蘿蔔（薄片）Carrot, sliced __ 4片
豌豆（汆燙）Snap peas, blanched __ 適量
雞蛋 Egg __ 2個

日式高湯 __ 共300cc

　水 Water __ 適量
　昆布 Konbu __ 5×3cm
　柴魚片 Katsuo bushi __ 適量

調味料

　清酒 Sake __ 1.5小匙
　鹽 Salt __ 1/4小匙
　砂糖 Sugar __ 1/2小匙
　醬油 Soy sauce __ 1小匙

我剛開始在網路上分享料理的時候，一開始大部分都在介紹西洋料理，但卻常常收到不少詢問，問有沒有茶碗蒸的食譜？我從來沒想過，住在海外的朋友（日本以外）有這麼多人想要學茶碗蒸料理，所以就設計了這道料理食譜。來吧！今天就來教大家認識一些日本的傳統料理！

這道茶碗蒸料理的做法很單純、簡單，但是，如果沒有好好控制溫度的話，做出來的口感會變得不一樣，所以火候控制是很重要的。這次的做法是使用蒸籠，它的好處是時間稍微短，很快就可以做出來，但是，如果火候太大或蒸太久，蛋液就會產生氣泡，蒸出來的口感就不會滑潤了。做這道料理的重點就是要保持低溫、慢慢加熱，千萬不要讓蛋液煮滾，當表面看起來差不多的時候，就要熄火了，利用餘熱讓它自己繼續加熱喔！

Step

1. 把蝦子去殼後，用牙籤把腸泥拿出來，加入鹽、太白粉（份量外）混合好，看到太白粉變成灰色後，用水洗乾淨。

⇒ 如果買到已處理好的蝦仁，這個步驟可以跳過喔！

2. 把雞腿肉切成小塊，裝在容器裡，加入醬油至入味約5～10分鐘。

⇒ 因為是用小湯匙來吃，所以雞肉不要切太大塊喔！

PART 1

JAPANESE CUISINE

3.
把泡好水的香菇、魚板、紅蘿蔔切薄片；紅蘿蔔用壓模壓出花形。壓好的紅蘿蔔和豌豆一起汆燙好。

日式高湯

4. 鍋子裡裝水，放入昆布，泡約30分鐘，開小火，煮約10分鐘後，轉大火，把柴魚片放進去，繼續煮約1～2分鐘後熄火，過濾。

⇒ 昆布可以泡久一點，前一天晚上泡起來隔天加熱也可以喔！

20

PART 1

JAPANESE CUISINE

5.

把雞蛋和量好的[日式高湯]放入碗裡，加入調味料混合好後，用篩網過濾蛋液，茶碗蒸的蛋液就準備好了！

6.

把事前準備好的材料，放入耐熱容器裡，倒入做法5，放入用架子架高的蒸鍋裡（耐熱容器不可以直接碰到水，蒸出來的蛋會有洞），鍋內小心倒入熱開水，水高度不要碰到容器，蓋上鍋蓋，轉中火，煮約1分鐘後，鍋蓋稍微開一點點，再轉小火繼續燜約15分鐘。

⇒ 要做出滑潤口感的秘訣，就是鍋內不能太高溫（大火），鍋蓋不能完全蓋住（密封），要用低溫（小火）煮喔～！

21

| 日本料理 |

味道豐富味噌豬肉蔬菜湯

Tonjiru / Pork & Vegetable Miso Soup

份量 **2** 個

這道湯日文叫『豚汁』（とんじる，Tonjiru），從字面來看，就是豬肉蔬菜湯，是一道讓人很懷念的料理。也是我小時候爸爸下廚時最常做的料理，裡面會加入很多蔬菜與豬肉片，與味噌湯底一起烹煮。這是日本很傳統的家庭料理，因為做法不複雜，也沒有規定放什麼食材，所以每個家庭做出來的味道與風格都不一樣。

我記得有一次爸爸煮了一鍋豚汁，等我回來讓我吃，吃的時候，爸爸一直在旁邊看我。通常吃飯時，會一邊看報紙一邊吃飯的典型日本父親，不知道為什麼那天一直瞪著我看。吃完後，爸爸問我：味道如何呢？我說：「好吃！」當時看到爸爸非常開心的臉，連我吃完的餐具都幫我洗了！(我們家有規定，自己吃過的餐具都要自己洗，但當天爸爸太開心了。) 後來爸爸說：每次做的豚汁味道都會不一樣，而這次是他人生中做得最好的一次 (絕品)。說實話⋯⋯我並沒有很認真的吃，因為當時我正邊吃邊想，等一下要玩的遊戲如何才能破關 (ーー!)。但看到爸爸那麼認真地看我吃東西，我也不敢隨便回答。

材料

- 五花肉 Sliced pork __ 120g
- 清酒 Sake __ 適量
- 蒟蒻 Konjaku __ 1/2 片
- 鹽 Salt __ 少許
- 乾香菇（泡水）Dried shitake mushrooms __ 2朵
- 白蘿蔔 Daikon __ 5cm
- 紅蘿蔔 Carrot __ 1/4 根
- 洋蔥 Onion __ 1/4 個
- 四季豆 Green beans __ 5～6 根
- 鴻禧菇 Shimeji mushrooms __ 1/2 包
- 水 Water __ 400cc
- 香菇水 Shiitake infused water __ 120cc
- 味噌 Miso __ 2～2.5 大匙

Step

1.
把五花肉片切成容易吃的大小，加入清酒醃約5～10分鐘。

⇒ 加入清酒，可以去掉腥味！

2.
把蒟蒻用湯匙切成小塊，加入鹽。

⇒ 用湯匙切可以產生凹凸不平的表面，這樣比較容易入味。

⇒ 加入鹽，可以去掉蒟蒻本身的腥味。

PART 1

JAPANESE CUISINE

DRIED SHITAKE

3.

把乾香菇泡水，泡到軟後，拿出來切成薄片，並保留香菇水。

⇒ 泡乾香菇的水，等一下會用到，千萬不要倒掉哦！

SHITAKE WATER

DAIKON

CARROT

GREEN BEANS

ONION

SHIMEJI

4. 白蘿蔔、紅蘿蔔、洋蔥切薄片；四季豆切段；鴻禧菇連的部位切掉，用手剝小塊。

PORK

5. 五花肉片、蒟蒻汆燙後，洗乾淨。

⇒ 這個步驟是為了去掉腥味，所以五花肉片不用煮到熟，只要表面碰到熱水後，洗乾淨就好了！

24

PART 1

JAPANESE CUISINE

6.

鍋子裡倒入水、香菇水，加入材料（五花肉片、四季豆以外），讓它煮滾後，轉中小火，煮約10分鐘，加入五花肉片、四季豆煮約5分鐘，再加入過篩的味噌即可。

日本料理

馬頭魚照燒風味牛蒡煮

Teriyaki Sauce Stewed Fish

份量 1 個

材料

馬頭魚 Horse-head fish __ 1尾
牛蒡 Burdock root __ 1/8支
薑片 Ginger __ 3～4片
豌豆（汆燙）Snap peas, blanched __ 2根

魚湯汁

水 Water __ 300cc
清酒 Sake __ 50cc
砂糖 Sugar __ 1大匙
味醂 Mirin __ 1大匙
醬油 Soy sauce __ 2小匙

我習慣在料理魚前先處理，就是先把魚骨拿掉後再煎，這樣比較像西洋料理。但來到台灣後，看到很多人都直接把整條魚拿去蒸，蒸好後再拿出來吃。並把很燙的油淋在擺放魚上面的青蔥絲上，看起來非常香，而我也最常把香香的青蔥搶來吃。

其實在日本也有許多用整條魚直接料理的食譜，連魚骨頭一起煮的好處是可以保留原來的味道、口感喔！↑烤魚是我最常吃的。

不過這次要介紹比較不一樣的整條魚料理方法，我做的是比較傳統的魚料理，在加入醬油、味醂的鹹甜調味之間，再加入薑，使得原本比較重口味的這道料理，可以變得更清爽。

另外再加入牛蒡，可以吸收醬汁。所以當你在吃牛蒡時，會吃到含有吸收豐富湯汁的牛蒡與脆脆的口感，非常營養，也會不知不覺越吃越多，光這道料理，就可以吃下好幾碗白飯喔！

Step

1.
去掉魚鱗，魚肉的表面切2〜3刀，好入味。
⇒ 可以選擇自己習慣方便買得到的魚肉。
⇒ 想讓魚肉本身更入味，可以先切掉魚骨頭拿出來喔！

2.
滾水裡放入整條魚汆燙一下。
⇒ 如果整條魚太大，無法直接汆燙的話，可以把魚放在水槽，直接用滾水淋下去也可以。

3.
汆燙好的魚放入冰水中冷卻，在用紙巾擦掉表面多餘的水分。
⇒ 放入冰水的魚肉會縮小，這時可以產生QQ的口感。

PART 1

JAPANESE CUISINE

4.
鍋子裡放入[魚湯汁]的材料，放入牛蒡，開小火，煮到牛蒡軟一點。

⇒ 如果不喜歡牛蒡太重的味道，可以先用冷水煮到軟後，沖一下水，再放入調味的湯汁裡。

5. 把魚、薑片放入鍋子裡，上面放落蓋或鋁箔紙，蓋上鍋蓋（放在魚的上面）。

⇒ 這種蓋上鍋蓋的方法，叫「落蓋」（『落としぶた』，Otoshi buta）就是讓湯汁不會蒸發出去，可以讓整條魚充分吸收湯汁！

6. 隨時可以用湯匙把湯汁淋在魚表面，煮到約5～6分鐘或魚中間肉熟，就可以熄火，再擺上汆燙好的豌豆，擺盤就完成了～！

Finish

日本料理

免捏照燒雞肉飯糰

Teriyaki Chicken Nigiri Sandwich

份量 2 個

接著介紹一種現在日本很流行的飯糰新做法，叫「免捏飯糰」，應該有很多人已經知道這種飯糰了吧！我住在海外時，常常會示範傳統三角形飯糰的做法，但現代人都不太會捏飯糰。其實我們從小就會捏飯糰，因為日本的國小都有家庭科，而這堂課要學很多家事，如：打掃、裁縫、料理等等。捏飯糰和煎蛋是最早學的，當然還是會學其他課程，如：數學、社會，我都很喜歡。

不過我從來沒想過做這道料理有這麼的困難！＞＜ Good New，現在有新的方法可以做出飯糰，這也是另一種享受美味的飯糰之一，其實做法很彈性哦。依照個人喜好可以做出不同的飯糰。內餡可依個人的喜好決定，這次我選了照燒雞肉，這種口味很適合在常溫下吃，而且帶去野餐也很適合呢！

● 材料

- 雞腿肉 Chicken thighs __ 1支
- 雞蛋 Eggs __ 2個
- 鹽 Salt __ 少許
- 小黃瓜 Cucumber __ 1根
- 白飯 Steamed rice __ 2碗
- 海苔片 Nori __ 2張

照燒醃醬

- 味醂 Mirin __ 1大匙
- 醬油 Soy sauce __ 1大匙
- 清酒 Sake __ 1大匙

Step

1. 把雞腿肉醃在[照燒醃醬]裡。

2. 雞蛋加入一點鹽，混合均勻，倒入事先預熱好而加入一點油的平底鍋裡，開小火，煎到成薄片狀。

⇒ 如果不喜歡用煎蛋皮，Don't worry，可用炒蛋！

3. 把小黃瓜切成薄片，再切絲。

⇒ 綠色蔬菜可以選擇萵苣、蘿蔓生菜或汆燙好的細蘆筍也OK。

30

PART 1

JAPANESE CUISINE

4. 開中小火，先把雞腿肉表面煎到呈金黃色，轉小火，繼續煎到熟至雞腿肉汁流出來。將煎好的雞肉放置約5分鐘拿出來，再切條；[照燒醃醬]可以倒入平底鍋裡，煮到濃縮備用。

⇒ 如果怕焦掉，可以放入一點水，蓋上鍋蓋，燜到熟也可以喔！

5. OK～！要開始包了！先放一張保鮮膜，再放一大張海苔片（原味），中間放白飯，再放入蛋皮→雞肉→小黃瓜→淋一點濃縮過的[照燒醃醬]。

⇒ 買海苔片原味的比較好包，調味過的海苔片太酥脆了，不好折。
⇒ 白飯先用微波爐加溫（這樣比較好包），可以全部包好馬上吃，或等到常溫再吃也可以。

CUCUMBER
CHICKEN
EGG
NORI
RICE
TERIYAKI SAUCE
PLASTIC WRAP

finish

6. 蓋上白飯，再用四角海苔片包覆起來，將已鋪好的保鮮膜整個包覆固定形狀放置一會兒，切半就完成了～！

⇒ 最好不要馬上切開，先靜置一會放著，讓海苔黏住後再切喔～！

日本料理

福岡鄉土風筑前煮

Chikuzen-ni / Chicken & Vegetables Nimono

份量 **2** 個

原本『筑前煮』（Chikuzen-ni）是由日本福岡縣的舊國名取來的，因為名字很特別，年輕時，我一直以為它其實是一道很高級的料亭料理。後來研究後，才發現它其實是我小時候常吃的煮物，而且這道料理在我們家是沒有名字的。

我的印象是它就是叫『煮物』（Nimino），因為我小時候，比較喜歡漢堡排、咖哩飯之類的食物。每當看到這道菜上桌時，就不怎麼開心，因為在這道菜裡，大部分都是蔬菜，尤其看到裡面還有牛蒡、紅蘿蔔就不想吃了！反而等到年紀大時，比較喜歡這種料理。

其實這道料理真的厲害喔！裡面用了很多種類的蔬菜，而且在煮的過程中，所有食材都會吸收到醬汁，非常好吃。本來以為它的名字很特別，需要用特別的方法或特別的食材，但事實上並沒有。基本上這道料理使用的肉類，大部分是雞肉（當然也可以用其他種類的肉），而且常溫下這道料理也很好吃，也很適合做成便當菜，所以一次可以做多一點保存，非常方便喔！

材料

昆布（泡水）Konbu __ 5×3cm
乾香菇（泡水）Dried shitake mushrooms __ 2朵
牛蒡 Burdock root __ 1/8支
紅蘿蔔 Carrot __ 1/4根
蒟蒻 Konjaku __ 1/2片
鹽 Salt __ 少許
雞腿肉 Chicken thighs __ 2支
香菇水 Shiitake infused water __ 120cc
豌豆（余燙）Snap peas, blanched __ 6〜8根

調味料

味醂 Mirin __ 2大匙
醬油 Soy sauce __ 1.5大匙
清酒 Sake __ 2大匙
麻油 Sesame oil __ 少許

Step

1.
把昆布、乾香菇泡在水中，等變軟後，拿出來切成小塊。

⇒ 泡過昆布、乾香菇的水，不要倒掉，可以拿來做高湯哦！

2.
用刀背把牛蒡皮刮一刮後，滾刀切；紅蘿蔔滾刀切，放入水裡，開小火，煮到兩種蔬菜變軟。

⇒ 牛蒡皮下有很多風味、營養，皮不要削掉太多！
⇒ 因為牛蒡、紅蘿蔔比較硬，可以先稍微煮後，再放入其他食材一起煮比較好！

PART 1

JAPANESE CUISINE

KONJAK

SALT

3. 把蒟蒻用湯匙切成小塊,加入鹽。

⇒ 用湯匙切可以產生很多凹凸不平的表面,這樣比較容易入味。
⇒ 加入鹽,可以去掉蒟蒻本身的腥味。

KONJAK

4. 鍋子加水,汆燙後洗乾淨。

PART 1

JAPANESE CUISINE

5.

鍋裡放入處理好的牛蒡、紅蘿蔔、蒟蒻、切好的雞腿肉、香菇水與調味料（麻油除外），煮滾後，轉小火再煮。

⇒ 因為牛蒡、紅蘿蔔已經熟了，不需要煮很久，等雞肉熟了，就可以熄火了！

6.

最後放入汆燙的豌豆、昆布，再加入一點麻油就可以擺盤了～！

⇒ 這道冷後吃也 OK，裝在便當盒也很適合！但請記得冷卻後再裝入便當盒裡喔！

Finish

35

日本料理

豪華海鮮千層壓壽司

Layered Seafood Chirashi Sushi

份量 **2** 個

壽司有很多種，離開自己的國家後，我在海外常會遇到一種狀況，那就是很多人都會要我秀捏壽司的技巧給他們看。但在日本，我學的是法國料理，當然不敢隨便做握壽司。因為壽司職人們，都要訓練很久才能做到那樣的程度，即使我做給外國人看，雖然他們也可能不會看得那麼仔細，但我還是不能隨便做做，因為身為日本人所做出來的料理，也代表日本這個國家，所以不可以不專業。

不過我還是稍微研究了一下，看看有什麼可以讓大家簡單做出來享受又好吃的壽司。每年我都有教小朋友的烹飪課程，在課程中開過壽司料理，也做過幾種很好玩的壽司。這次介紹的壽司就是很簡單可以做出來的，不用特別準備什麼道具，也不用什麼高超技術，但外觀看起來就是非常高級的壽司。您也可以當個壽司高手喔！

● 材料

壽司飯
- 米 Rice __ 250g
- 水 Water __ 230cc

壽司醋
- 醋 Rice vinegar __ 20cc
- 砂糖 Sugar __ 10g
- 鹽 Salt __ 3g

鮭魚 Salmon __ 2片
清酒 Sake __ 適量
鹽 Salt __ 適量
雞蛋 Eggs __ 2個

白芝麻 White sesame __ 少許
小黃瓜 Cucumber __ 1根
蝦卵 Tobiko __ 4大匙
美乃滋 Mayonnaise __ 適量
豌豆（汆燙）Snap peas, blanched __ 4根
海苔絲 Nori, shredded __ 少許

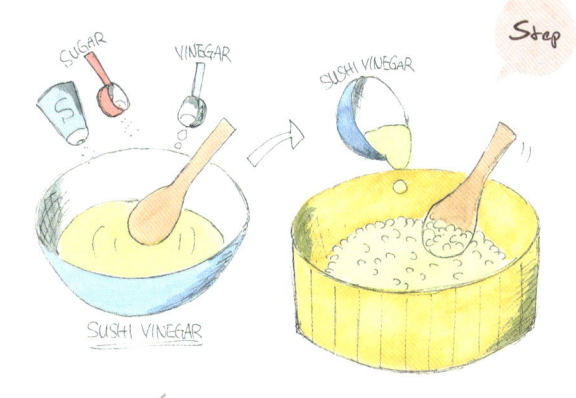

1. 壽司飯

先煮[壽司飯]，用電子鍋放入米、水煮好，再拿出來放溫備用；接著做[壽司醋]，把醋、砂糖、鹽混合拌勻，等砂糖、鹽融化後，再倒入溫白飯裡，混合攪拌均勻。

⇒ 壽司醋可能要花多一點時間，才能使調味料都融化，所以可以提早（前一天）準備好，或如果很趕的話，可稍微加熱一下也可以喔！

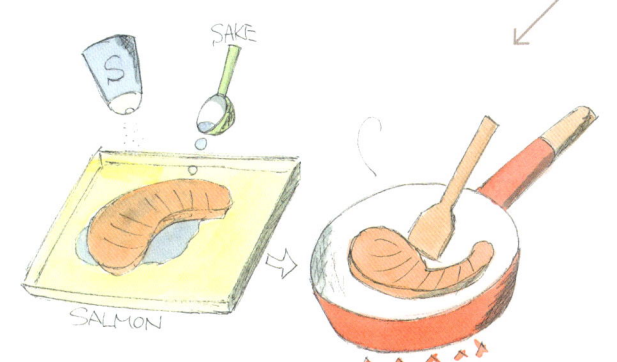

2.

把鮭魚倒入清酒、鹽，放置約5分鐘。平底鍋開中小火，加入一點油，放入鮭魚。

⇒ 倒入清酒、鹽，不只可以入味，也可以去掉腥味！

PART 1

JAPANESE
CUISINE

3. 雞蛋裡加入一點鹽混合拌勻，平底鍋開小火，加入一點油，倒入蛋液，用兩雙筷子攪拌到熟。

⇒ 如果想把炒蛋炒到很細，可以用兩雙筷子炒出來喔！

4. 混合好的壽司飯分成兩碗，一碗加入剝小塊的鮭魚，另外一碗裡加入炒蛋，分別加入白芝麻混合好。

PART 1

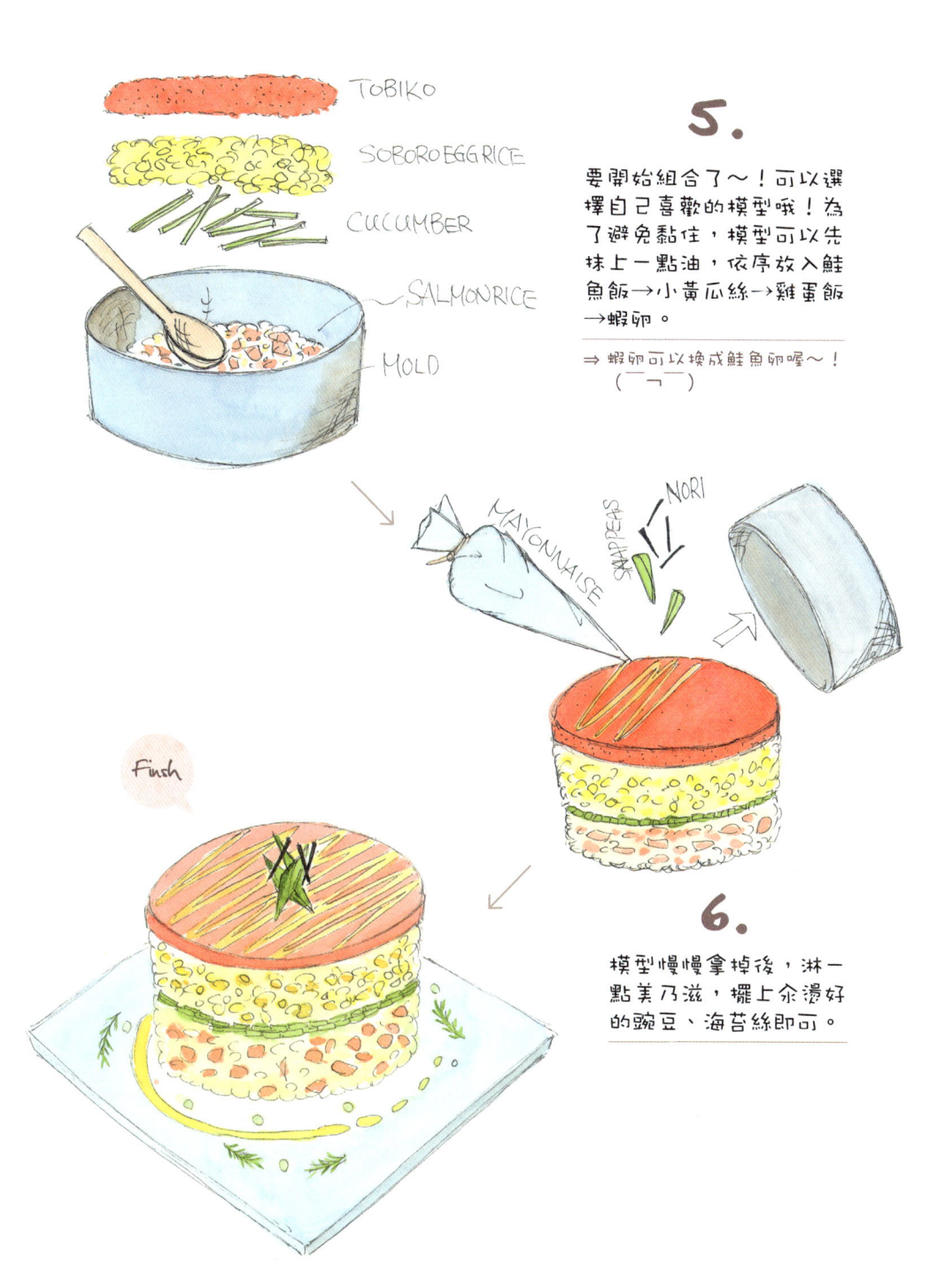

JAPANESE CUISINE

TOBIKO
SOBORO EGG RICE
CUCUMBER
SALMON RICE
MOLD

5.

要開始組合了～！可以選擇自己喜歡的模型哦！為了避免黏住，模型可以先抹上一點油，依序放入鮭魚飯→小黃瓜絲→雞蛋飯→蝦卵。

⇒ 蝦卵可以換成鮭魚卵喔～！
（ㄧㄣ）

MAYONNAISE　SNAPPEAS　NORI

Finsh

6.

模型慢慢拿掉後，淋一點美乃滋，擺上汆燙好的豌豆、海苔絲即可。

日本料理

酸酸甜甜抹茶風味草莓大福

Matcha Strawberry Daifuku

份量 **10** 個

● 材料

紅豆餡 總量250g
- 紅豆（泡水）Red beans, soaked overnight __ 100g
- 冰糖 Crystal sugar __ 50g

抹茶大福皮
- 糯米粉 Sticky rice flour __ 200g
- 抹茶粉 Matcha powder __ 6g
- 砂糖 Sugar __ 100g
- 水 Water __ 240cc

太白粉 Potato starch __ 1大匙
（40～45g）
草莓 Strawberries __ 10個

說實話，我從來沒有想過，這種點心會變得這麼國際化。小時候我一直不愛吃用紅豆做的甜點，連大福都很少吃，後來知道大福可以把水果包進去，但紅豆和草莓包在一起，雖然吃起來口感不太習慣，但吃了一口後就愛上了，和原本傳統的大福吃起來感覺完全不同！後來草莓大福快就紅起來了，而且很多和菓子店都開始販賣這種甜點。

之後我就去了加拿大，完全忘記有這種甜點，加上之前有一段時間很紅，大家可能都吃膩了，所以賣的人變少了。幾年後，我在溫哥華經營餐廳，常要去買菜，去亞洲系的超市也看到有賣草莓大福，但當時外國人可能還很多人不太認識這種甜點。超市雖然有擺放切開的草莓大福樣本，看到紅紅的草莓乖乖地被紅豆包起來，讓我非常懷念，不知不覺就買了一包回家，吃起來的味道和在日本一樣，很好吃，又很安撫人心。現在我住台灣也是常常看到草莓大福，沒想到全世界很多人都認識這道甜點，是日本很具代表性的和菓子之一呢！

Step

1. 紅豆餡 先做[紅豆餡]。紅豆泡水一個晚上，開中小火煮到軟，把水倒掉，沖水後倒入水，繼續煮到更軟。

41

PART 1

JAPANESE CUISINE

2.

煮到可以用手輕易地捏碎就可以熄火,再把水倒掉。(這次不用加入水喔!)再放入冰糖,開小火煮一下。

⇒ Q:沒有加水,紅豆會不會焦掉?
  A:不會!因為紅豆裡已經吸收了很多水分,即使表面看起來乾燥,但只要加熱後,很多水分就會跑出來喔!

3.

等煮到水分跑出來後,還是要繼續煮,用木匙把紅豆打碎後,再煮到水分完全蒸發,開始變成固體的樣子就可以熄火,放至冷卻。

⇒ 冷卻時,水分還是會一直蒸發,最好熄火後,快倒出來喔!

4. 抹茶大福皮

接著做[抹茶大福皮]。將糯米粉、抹茶粉、砂糖先混合拌勻,再倒入水混合好,用保鮮膜蓋上鍋蓋,放入微波爐中,加熱約2分鐘,再拿出來混合拌勻,再放回加熱1分鐘。

⇒ 也可以用電鍋,因為鍋裡會產生很多水蒸氣,會影響到麵糰的稠度,所以記得裝入麵糰的容器,要蓋上鍋蓋來蒸喔!

PART 1

JAPANESE CUISINE

5.

加熱時（加熱時間要看您使用的電力或電鍋的加熱效果），當表面出現有一點光澤就可以拿出來，再放入約1大匙（40～45g）份量的太白粉，用擀麵棍攪拌一下，表面撒上太白粉，捏成扁圓形。

⇒ 麵糰非常黏，可以先把湯匙沾水，再挖出來所需要的份量，放入太白粉裡，再撒上太白粉，手不要直接摸到麵糰，因為又黏又燙喔～！ヽ(￣д￣;)ノ hot hot!!

COOKED STICKY RICE

POTATO STARCH

6.

冷卻好的紅豆（1個約25g）用洗好去掉蒂頭的草莓包起來，再用抹茶大福皮包起來，然後用刷子把表面多餘的粉刷掉。

⇒ 效率好的方式是大福皮加熱的時候，先把包好了紅豆餡草莓包起來Stand by，這樣每個大福皮成型後，就可以馬上開始包，最好是多人一起做，比較好玩又有效率！♪

SECTION

Finish

43

日本料理

簡單手工抹茶冰淇淋

Home made Matcha Ice Cream

份量 **4** 個

材料

蛋黃砂糖
- 蛋黃 Egg yolk __ 3個
- 砂糖 Sugar __ 50g
- 玉米粉 Corn starch __ 1大匙

抹茶牛奶
- 牛奶 Milk __ 400cc
- 抹茶粉 Matcha powder __ 3大匙

打發鮮奶油
- 鮮奶油 Whipping cream __ 180cc
- 砂糖 Sugar __ 15g

我本來不太常吃冰淇淋，連冰淇淋專賣店也很少去。有一天天氣很熱，去了一家來自歐洲的冰淇淋專賣店，本來只想要喝咖啡而已，但即然都來到專賣店了，不免還是嘗試吃一下。點了一球抹茶口味，吃下後嚇了一跳，雖不是日本人，卻能做出這樣好吃的抹茶口味，和我想像的完全不一樣，不會很甜，吃完後口中都充滿著抹茶的香味，不到幾秒鐘就全部吃光光了。之後就常去光顧這家店，並嘗試一直吃各種不同口味的冰淇淋。

這次介紹的冰淇淋，我不敢說和那家店一模一樣，但重點是可以在家裡做出來的口味。加入的抹茶份量可以自己調整，當然加入愈多的抹茶，愈可以享受到日本風味哦！

做這樣冰淇淋的元素就是要有蛋黃的濃郁味與口感。冰淇淋有滑潤、很輕的口感，是因為在製作過程中產生的細氣泡（在凍結的過程中做出來的），做出愈多的氣泡，口感就愈輕盈。大部分都會用製冰機器攪拌來產生這種效果，因為家中不一定有這一台，所以很難控制細氣泡。沒關係！可以試試看這裡介紹的做法，不需用到特別的機器，只要耐心做，就可以做出一樣好吃的冰淇淋！

Step

1. 蛋黃砂糖

先做[蛋黃砂糖]。把蛋黃、砂糖混合攪拌後，加入玉米粉，再混合攪拌均勻。

2. 抹茶牛奶

接著做[抹茶牛奶]，將牛奶倒入鍋子裡，放入過篩的抹茶粉，開中火，用電動攪拌機攪拌到抹茶粉都有融化。

PART 1

JAPANESE CUISINE

3.

煮到抹茶牛奶邊緣看到泡泡出來，就是快滾了，可以馬上熄火，倒入混合好的蛋黃砂糖裡攪拌好。

⇒ Q：直接加熱到很燙的液體，蛋黃會不會結塊？
A：不會，因為蛋裡已經加入了糖，它凝固點變高了，所以不容易凝固，可以安心、開心倒進去喔！

MATCHA MILK

MATCHA CUSTARD

ICE WATER

4.

把抹茶牛奶和混合好的蛋黃砂糖，再倒回鍋子裡，開中小火，一直攪拌煮到凝固後（變成濃稠），倒入隔冰塊水裡放冷卻。

PART 1

JAPANESE CUISINE

5.

把鮮奶油、砂糖混合打發好,放入冷卻好的抹茶餡裡混合好。

CREAM　SUGAR　WHIPPED CREAM

6.

倒入一個較淺的容器裡,放入冰箱冷凍庫,等到半結凍時,拿出來用湯匙或叉子刮一刮,再放回去冷凍庫,再等到半結凍,拿出來用湯匙或叉子刮一刮(重複一樣步驟2～3次)。

FREEZER

⇒ 冰淇淋很輕、滑潤的口感都是氣泡產生的,如果沒有冰淇淋製作機,用這種方式一直攪拌,也會讓冰淇淋包入很多空氣,所以要有耐心,慢慢做喔～!(＊∇＊)

finsh

47

Nicoise Salad with Honey Yogurt Dressing
Smoked Salmon & Creamed Potato
Home made Pot au Feu
Cold Carrot Potage
Sautéed Fish with White Wine Sauce
Bourguignon Style Beef Stew
Vegetarian Quiche
Clams & Butter Steamed Rice
Suzette Style Crepe with Orange Sauce
Chocolate Custard Creamed Puffs

PART 2
法式料理

FRENCH CUISINE

法式料理

南法風健康海鮮沙拉佐蜂蜜優格醬
Nicoise Salad with Honey Yogurt Dressing

份量 2 個

大家喜歡哪種沙拉醬呢？以醬油為基底的醬汁、白醬或酸酸鹹鹹的傳統醬汁？因為三種都會用到不同的材料，吃起來的味道、口感也會不一樣。如果要吃有滿足感的醬汁和蔬菜，我會選擇白醬系列，濃郁滋味的醬汁和蔬菜，與海鮮類一起吃非常適合。問題是這種沙拉醬，需要加入不少的蛋黃和油（就是美乃滋的原料），所以我這次設計了比較低卡的沙拉醬，減少美乃滋的份量，但用較多的優格來代替美乃滋，乳酸味直接加入白酒醋，酸味較溫和。

另外我還加了蜂蜜，吃起來微酸甜，很溫柔。

這種醬汁的味道不會很重，不只可用在沙拉類，還可以淋入蛋白質系列的肉類內，如：蒸或煎過的鯛魚、雞胸肉等等。在享受香菜的香味之餘，還可以享受加入蜂蜜優格醬的絕妙組合，讓您可以體驗新的美味料理！

材料

紫洋蔥 Red onion __ 少許
小番茄 Tomato __ 1個
檸檬 Lemon __ 適量
雞蛋 Egg __ 1個
蝦子 Prawns __ 8隻
中卷 Squid __ 1尾
干貝 Scallops __ 4個
鹽＆黑胡椒 Salt & Black pepper __ 適量
橄欖油 Olive oil __ 適量
白酒 White wine __ 2大匙
蘿蔓生菜 Romaine lettuce __ 4～5片

蜂蜜優格醬
香菜 Cilantro __ 2把
優格（無糖）Yogurt, unsweetened __ 3大匙
美乃滋 Mayonnaise __ 2小匙
蜂蜜 Honey __ 1小匙
鹽 Salt __ 少許

Step

1. 蜂蜜優格醬

先介紹沙拉醬怎麼做！將[蜂蜜優格醬]的所有材料和香菜末放入容器裡，混合攪拌好。

⇒ 這種醬可以裝在玻璃容器冷藏保存（可以放約一星期左右），也可以運用在其他料理上喔～！

2. 把紫洋蔥切薄片泡水，沖掉刺激味；小番茄切成容易吃的大小；檸檬切片。

PART 2

FRENCH CUISINE

3. 鍋子裡裝水，放入雞蛋，開中火讓它滾後，轉中小火，繼續煮到全熟（約12分鐘），拿出來，冷卻後去殼，用粗一點的篩網壓碎。

⇒ 用這種方式可以不用切碎，刀子表面也不會有黏住蛋黃的狀況！

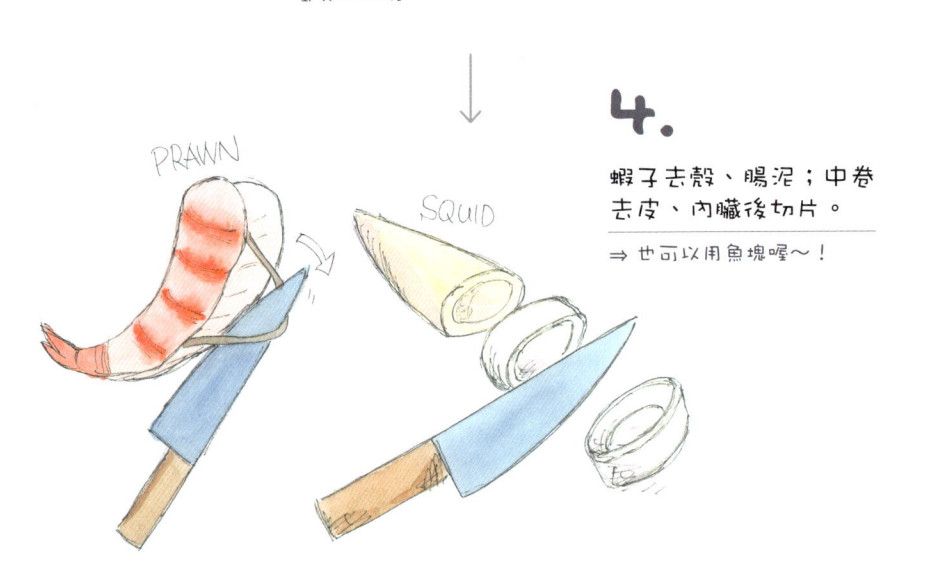

4. 蝦子去殼、腸泥；中卷去皮、內臟後切片。

⇒ 也可以用魚塊喔～！

PART 2

FRENCH CUISINE

5.

蝦子、中卷與干貝表面撒上鹽＆黑胡椒，開中火，加入一點橄欖油，炒到表面變色一點後，加入白酒燜到熟。

6.

把洗好的蘿蔓生菜撕成容易吃的大小，擺盤，放入海鮮與其他切好的蔬菜，再淋上[蜂蜜優格醬]，撒上碎蛋、香菜就完成了～！

Finsh

53

| 法式料理

燻鮭魚&奶味馬鈴薯沙拉前菜

Smoked Salmon & Creamed Potato

份量 **2** 個

FRANCE

材料

- 馬鈴薯 Potato __ 180g
- 蒜頭 Garlic __ 2瓣
- 紅蔥頭 Shallots __ 3瓣
- 奶油 Butter __ 2小匙
- 牛奶 Milk __ 80cc
- 鮮奶油 Whipping cream __ 80cc
- 鹽&黑胡椒 Salt & Black pepper __ 適量
- 橄欖油 Olive oil __ 適量
- 法國麵包 French bread __ 6~8片
- 黃芥末籽醬 Dijon mustard __ 適量
- 生菜 Lettuce __ 適量
- 燻鮭魚 Smoked salmon __ 3片

（可以用火腿代替）

這道是之前為某個活動設計，但稍微改良過的料理。之前這個活動是讓參加者體驗如何享受飲品和配菜的組合。因為燻鮭魚是本身鹹味很重的食材，通常會搭配切了薄片的洋蔥和酪梨一起包來吃，所以這次特別設計成適合一口品嘗的Finger Food。一般搭配鹹的食物會用哪種食材呢？通常會選擇澱粉類，因為比較容易吸收鹹味，像馬鈴薯就是一種很好用。「可以調整味道的食材」。例如煮味噌湯時，不小心加入太多味噌，就可以加入切塊的馬鈴薯，讓它吸收多餘的鹽分，而馬鈴薯本身也能入味，不只可以幫助調味，還可以讓味噌湯裡多一種食材。

但加入直接煮過的馬鈴薯，沒什麼特別，所以我稍微引用法國菜常出現的馬鈴薯料理，讓它變成前菜。通常加入牛奶、鮮奶油做出來的馬鈴薯泥，本身已經很美味了，搭配燻鮭魚會變得更有風味，放在切成薄片的法國麵包上，就變成一道很有滿足感的Finger Food！如果開派對，千萬要準備這一道料理喔！和飲品搭配也很適合！

Step

1. 馬鈴薯切薄片，泡水；蒜頭切薄片；紅蔥頭切末。

2. 鍋子裡加入奶油，開中火，等奶油融化後，放入蒜頭、紅蔥頭與馬鈴薯，炒到香味出來後，倒入牛奶、鮮奶油，撒上鹽&黑胡椒，轉小火，煮到馬鈴薯軟。

⇒ 牛奶、鮮奶油的比例可以自己調整喔～！
⇒ 馬鈴薯的澱粉質容易黏住鍋底，要記得常攪拌，如果水分太乾，可以補一點牛奶或水喔！

PART 2

FRENCH CUISINE

3. 馬鈴薯煮到軟後熄火，用打碎器把馬鈴薯壓碎，倒出來稍微冷卻一下。

⇒ 馬鈴薯不用打太細，要不然口感會太黏了。
⇒ 這種馬鈴薯泥很好用，可以撒一點起司，做成焗烤料理也很適合。

FRENCH BREAD

OLIVE OIL

4. 把法國麵包切成薄片，塗一點橄欖油（E.V.橄欖油／特級冷壓橄欖油），放入烤箱，烤到呈金黃色（上下開火200°C，約2～3分鐘）。

⇒ 溫度、時間是參考的，可以依烤箱不同調整喔！

PART 2

FRENCH CUISINE

5.

把燻鮭魚切成容易吃的大小，塗一點黃芥末籽醬、橄欖油（E.V.橄欖油／特級冷壓橄欖油）捲起來。

⇒ 這是建議的裝飾而已，也可以裝成自己喜歡的樣子喔！中間放入酪梨也很好。

⇒ 可以用自己喜歡的火腿代替，如：蜜汁火腿、黑森林火腿也很適合！

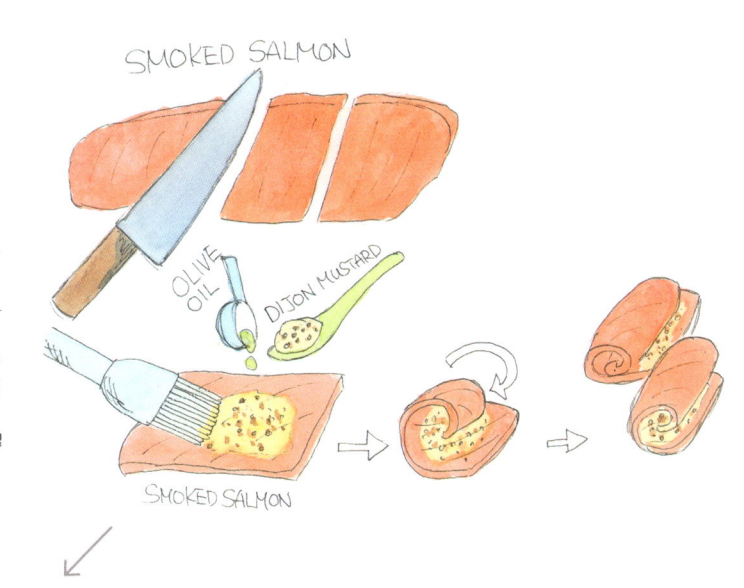

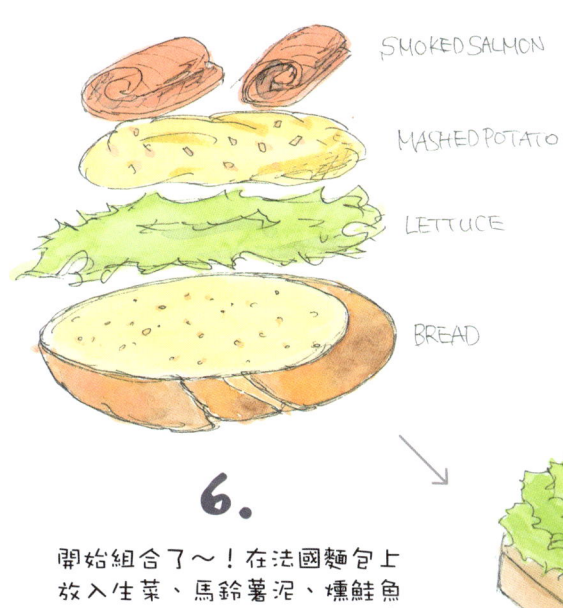

SMOKED SALMON
OLIVE OIL
DIJON MUSTARD
SMOKED SALMON

SMOKED SALMON
MASHED POTATO
LETTUCE
BREAD

Finish

6.

開始組合了～！在法國麵包上放入生菜、馬鈴薯泥、燻鮭魚就可以了。～開始Party～♪ o(≧▽≦)o

57

法式料理

Home made Pot au Feu

媽媽味法式燉雞肉＆蔬菜

份量 2 個

每個國家都會有溫暖的燉料理，而大部分的食譜做法也都不會很複雜，幾乎都會用到很多種蔬菜和肉類一起慢慢燉煮，算是Slow Cooking的方式。

在日本也有很多種燉料理，通常我們稱為『煮物』(Nimono)，我媽媽也常做，和這道做法很像，但調味比較日式。有一點像馬鈴薯燉肉，但湯汁比較多，其實做法也和雞肉咖哩有一點像，每次看到媽媽在廚房準備這道食材，我以為今晚要吃咖哩，很期待，結果出來的料理和想像的不一樣，雖然看到不開心，但吃起來還是很滿足！

這次介紹的料理叫"Pot Au Fu"，它是法國的家庭料理之一，也同樣會用到多種蔬菜和煎到金黃的雞腿肉一起燉煮。由於雞肉之前已經煎好，所以香噴噴的雞肉味會跑入蔬菜裡，使得這道連湯的味道都超級可口！因為這道料理的味道很清爽（不是那種用紅酒類做的口味濃郁），所以氣候溫暖的春天和初夏都很適合吃，偷偷跟您說：如果有吃剩下的湯，再加入咖哩塊，就變成美味的咖哩了，也可以當作隔天的晚餐，而且家人也不會發現您偷工減料，就可以少準備一道菜了！(＊´▽`＊)

材料

雞腿肉 Chicken thighs ___ 2支
（帶骨頭或去骨都可以喔）

鹽 Salt ___ 適量
洋蔥 Onion ___ 1／2個
馬鈴薯 Potato ___ 1個
紅蘿蔔 Carrot ___ 1／4根
鴻禧菇 Shimeji mushrooms ___ 100g
碗豆（汆燙）Snap peas, blanched
___ 6～8根
白酒 White wine ___ 50cc
水 Water ___ 500cc
月桂葉 Bay leaf ___ 3～4葉
鹽＆黑胡椒 Salt & black pepper ___ 適量
黃芥末籽醬 Dijon mustard ___ 適量

Step

1. 雞腿肉切開，把骨頭露出，表面撒上鹽入味，如果是去骨雞腿直接切成適當大小，撒上鹽入味。

⇒ 為了更入味，可以前一個晚上處理更好！

2. 把洋蔥切薄片；馬鈴薯、紅蘿蔔切小塊；鴻禧菇切掉根的部位後，剝小塊；碗豆去掉蒂頭後，汆燙好。

PART 2

FRENCH CUISINE

3.

鍋子開中火，加入一點油，放入撒上鹽的雞腿肉，煎到表面呈金黃色後，先拿出來。

⇒ 為了避免雞腿肉煎太老，只要將表面煎到香香的樣子就可以拿出來，到時候再放回鍋子和其他材料一起煮。

4.

放入處理好的蔬菜，開中火，炒到香味出來，倒入白酒、水。

PART 2

FRENCH CUISINE

5.

把雞腿肉放回去，加入月桂葉、鹽&黑胡椒，煮滾後，轉小火，繼續煮到雞肉熟。

⇒ 雞腿肉的軟硬度可依個人喜好，如果用無骨的雞腿肉，就不用煮很久，要是帶有骨頭的話，可以煮稍微久一點沒關係。

BAY LEAVES

DIJON MUSTARD

6.

放入汆燙過的豌豆，擺盤，擺上黃芥末籽醬即可！

Finish

61

法式料理

Cold Carrot Potage

甜味豐富紅蘿蔔冷湯

份量 **2** 個

材料

- 洋蔥 Onion __ 1/4個
- 紅蘿蔔 Carrot __ 1根（200g）
- 蒜頭 Garlic __ 2瓣
- 紅蔥頭 Shallots __ 2瓣
- 奶油 Butter __ 2小匙
- 白酒 White wine __ 50cc
- 水 Water __ 300cc
- 鹽&黑胡椒 Salt & black pepper __ 適量
- 法國麵包 French bread __ 適量
- 橄欖油 Olive oil __ 2小匙
- 牛奶 Milk __ 2大匙
- 鮮奶油 Whipping cream __ 適量
- 鹽 Salt __ 少許
- 優格（無糖）Yogurt, unsweetened __ 2大匙
- 核桃 Walnuts __ 2大匙
- 巴西里 Parsley __ 少許

之前完全沒有喝冷湯的習慣，後來開始對法國料理有興趣，但是一直沒機會喝到道地的冷湯，後來在法國料理餐廳工作的時候，終於有機會遇到（喝到）這個特別的湯，喝一口就喜歡上了。

大家都以為這道是法國的傳統湯品，其實它來自紐約，是一位法國主廚在紐約飯店中想出來的，靈感發想來自於小時候他媽媽做過的馬鈴薯濃湯，然後再加以改良成冷湯，而湯的名字是他住過的家鄉附近城鎮名稱而來。由於這是法國料理餐廳的法籍主廚想出來的，所以不管在哪裡，這道食譜都算是法國料理。

現在連日本的家庭料理餐桌上，偶爾也會出現這道冷湯，基本上做法不會很難，也可以用到很多不同的蔬菜。這次我用了紅蘿蔔來變成冷湯，因為顏色很漂亮，煮後不會有紅蘿蔔特別的味道，也可以直接享受蔬菜本身的甜味，連不太愛吃紅蘿蔔的小朋友，也可以一直沾著麵包吃光光喔！

Step

1.

把洋蔥逆紋切薄片；紅蘿蔔、蒜頭、紅蔥頭也切成薄片。

⇒ 逆紋切的洋蔥比較容易抽出味道喔～！

2.

鍋子裡加入奶油，開中火，等奶油融化後，加入切好的蔬菜，炒到洋蔥透明化。

PART 2

FRENCH CUISINE

3.

加入白酒、水、鹽＆黑胡椒，煮滾後，轉小火，繼續煮到紅蘿蔔軟。

4.

把法國麵包切成薄片，塗一點橄欖油（E.V.橄欖油／特級冷壓橄欖油），放入烤箱，烤到表面呈金黃色（上下火200℃，約2～3分鐘）。

⇒ 溫度、時間是參考的，可依烤箱不同調整喔！

64

PART 2

FRENCH CUISINE

5. 將煮好的食材打成泥（可以用電動攪拌棒、果汁機或食物調理機）。

⇒ 注意！如果用果汁機的話，要確認蓋子是否可以固定。溫度高的液體放入攪打，比較容易噴出來，所以要小心，或一次放入少量打，或稍微冷卻後再打。

"HAND" BLENDER OR BLENDER

MILK WALNUTS CREAM

Finsh

6. 把打成泥的濃湯倒出來，加入牛奶、鮮奶油、鹽，調整稠度、味道，擺盤，再淋上優格、核桃，撒上巴西里即可。

法式料理

煎白身魚清爽奶油白酒醬

Sautéed Fish with White Wine Sauce

份量 **2** 個

這種醬汁是我很愛的味道之一，本來的名字是 "Beurre Blanc"（法語），就是奶油的意思，光聽到這個名字就想流口水了。它不是普通的奶油醬，會加入許多白醋、白酒，白醋會把整個奶油味中和，而留下奶香味，完全吃不膩，味道也不重，可以和味道比較淡的食材搭配。

之前住在加拿大時，那裡有很多新鮮龍蝦（Lobster），不會很貴。聖誕節或過年休假時，我常會買幾隻回來，搭配這種醬汁一起烤，龍蝦吃剩的醬汁，還可以和法國麵包一起沾著吃，那時真的很幸福～！

這次我用了鯛魚，也可以用其他如鱈魚、鮭魚、旗魚等等，當然甲殼類的海鮮也很適合。也不一定只用龍蝦烤，用蝦子也很好吃的，準備多一點醬汁，淋在蒸好的蝦子一起吃也很不錯喔～！

材料

- 紅蔥頭 Shallots __ 30g
- 白酒 White wine __ 100cc
- 白酒醋 White-wine Vinegar __ 25cc
- 小番茄 Mini tomato __ 5個
- 巴西里 Parsley __ 少許
- 鯛魚 Snapper __ 2片
- 奶油 Butter __ 100g
- 鮮奶油 Whipping cream __ 25cc
- 鹽 & 黑胡椒 Salt & black pepper __ 適量
- 高筋麵粉 All purpose flour __ 2大匙

Step

1. 放入切末的紅蔥頭、白酒、白酒醋，煮滾後，轉小火，煮到濃縮（煮到約1/3～1/4的份量）。

⇒ 請用很小的火，紅蔥頭煮越久越甜喔！

2. 把小番茄籽的部位切掉，下面部位切成末；巴西里也切末；鯛魚切成容易吃的大小。

⇒ 魚片可以選自己習慣的，如：鮭魚、旗魚、鱈魚都很適合！

3. Let's get back to 綠色鍋子！如果已經煮到濃縮後，加入奶油每次放入少量，再一邊攪拌一邊加入，慢慢讓它乳化，等奶油全部加入後，過濾一下，把紅蔥頭取出。

67

PART 2

FRENCH CUISINE

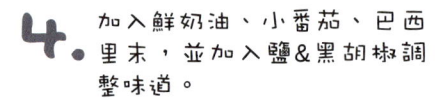

4. 加入鮮奶油、小番茄、巴西里末，並加入鹽&黑胡椒調整味道。

⇒ 加入奶油後，不要用太大的火或加熱太久，不然油分會分離喔！

5. 鯛魚表面撒上鹽&黑胡椒後，平均地沾上高筋麵粉；平底鍋，開中火，加入一點油，放入鯛魚，煎到金黃色熟。

6. 擺盤的時候，先鋪醬再裝鯛魚（這樣可以保持魚片的脆度）。

⇒ 這道一定要配麵包，剩下的醬可以沾著麵包吃，超級讚！

Finsh

法式料理

法式牛肉紅酒 Koto Koto 煮

Bourguignon Style Beef Stew

份量 4 個

「Koto Koto煮」是什麼？做煮物的時候，日文常會說：「コトコト煮込む」，就是用小火慢慢煮的意思。因為這道燉肉料理的重點就是肉塊的熟度，不管是用牛肉還是豬肉。像我個人很愛吃超級嫩的肉塊燉料理，特別是那種連筷子都可以切開程度的肉，真是讓人意猶未盡。當然每個人有不同的喜好，可以依個人喜好燉煮。

這次做的料理是一種傳統的法國燉料理，會用到很多的紅酒，用紅酒把牛肉塊燉到很軟嫩（用小火慢慢煮，或用燜燒鍋類可以保溫的鍋子來做都很好）。如何做美味煮物呢？小秘訣就是燉煮到喜歡的熟度後，讓它馬上冷卻，當溫度迅速下降時，湯汁就很容易進到每種食材裡，而煮咖哩也可以用同樣的原理。大家都應該有過這樣的經驗，即是「隔天剩下的咖哩比較好吃」的狀況吧？！所以如果有時間的話，先Koto Koto慢慢煮，然後讓它冷卻再加熱吃，這樣可以美味倍增喔～！

材料

- 蘑菇 Mushrooms ___ 12個
- 紅蘿蔔 Carrot ___ 1/4根
- 蒜頭 Garlic ___ 2瓣
- 洋蔥 Onion ___ 1/2個
- 牛肋條 Beef finger ribs ___ 500g
- 鹽＆黑胡椒 Salt & Black pepper ___ 適量
- 高筋麵粉 All purpose flour ___ 3大匙
- 白蘭地 Brandy ___ 1小匙
- 水煮番茄（罐頭）Canned tomato ___ 400g
- 紅酒 Red wine ___ 400cc
- 黑糖 Brown sugar ___ 1大匙
- 番茄醬 Ketchup ___ 2大匙
- 豌豆（汆燙）Snap peas, blanched ___ 適量
- 鮮奶油 Whipping cream ___ 適量
- 迷迭香 Rosemarry ___ 2把

Step

1.
把蘑菇、紅蘿蔔、蒜頭、洋蔥切成小塊。

2.
這次我用了牛肋條！牛肋條切小塊，撒上鹽＆黑胡椒後，均勻地沾上高筋麵粉。

⇒ 可以用自己習慣的部位，牛腩也好，當然豬肉也可以喔！

3.
開中火，加入一點油，放入沾好粉的牛肋條塊，煎到表面呈金黃色後，加入一點白蘭地點火，讓酒精蒸發。

⇒ 請注意！如果不習慣這個動作，可以先熄火再加入，然後用打火機點火喔！

⇒ 倒入白蘭地可以多加一種香味，如果不習慣的話，可以不加。

70

PART 2

FRENCH CUISINE

4. 加入其他蔬菜繼續炒，炒到洋蔥變成透明。

5. 放入打成泥的水煮番茄、紅酒、黑糖與番茄醬。

⇒ 加入黑糖，可以中和番茄與紅酒的酸味。

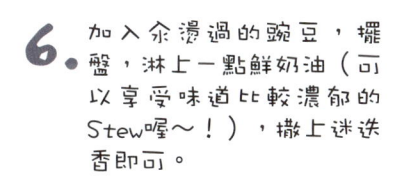

6. 加入汆燙過的豌豆，擺盤，淋上一點鮮奶油（可以享受味道比較濃郁的Stew喔～！），撒上迷迭香即可。

Finish

71

法式料理

彩色蔬菜餡法式鹹派
Vegetarian Quiche

份量 2 個

■ 模型

直徑23cm派盤 × 1個

■ 材料

鹹派皮（共2份）
- 低筋麵粉 Cake flour __ 250g
- 奶油（切小塊） Butter __ 125g
- 蛋黃 Egg yolk __ 1個
- 鹽 Salt __ 1撮
- 冷水 Cold water __ 60cc

鹹派皮 Pâte brisée __ 約230g
- 奶油 Butter __ 2小匙
- 蒜頭（末） Chopped Garlic __ 1～2瓣
  （不加也可以）
- 紅&黃甜椒 Red&yellow bell pepper __ 各1/4個
- 鴻禧菇 Shimeji mushrooms __ 1包
- 菠菜 Spinach __ 400g
- 鹽&黑胡椒 Salt & Black pepper __ 適量

派蛋液
- 雞蛋 Egg __ 3個
- 牛奶 Milk __ 60cc
- 鮮奶油 Whipping cream __ 60cc
- 帕瑪森起司 Parmesan cheese __ 3大匙
- 鹽&黑胡椒 Salt & Black pepper __ 適量
- 披薩起司 Pizza cheese __ 60g

大家習慣吃鹹派嗎？在台灣剛開始教學的時候，和年輕學員討論過示範什麼派料理。我說要做Quiche後，每個學員的表情都出現問號，大概是不知道這是哪一種派吧！很多人都以為派就是甜派，就是用卡士達醬或巧克力醬，再放上一些水果類的甜點，或者是只知道鹹派，就是把肉醬整個包起來烤的Meat pie之類的印象，感覺都是重口味的。發現大家有一點猶豫要不要學的時候，等我做給大家看後，每個人幾乎都很喜歡。

來看看怎麼做吧？準備酥脆的派皮，裝入豐富的食材和蛋液、起司一起烤一烤。在烤箱烘烤時，看到酥皮慢慢膨脹變成香噴噴的派，大家都非常期待烤好的完成品，拿出來後，每個人都大叫，蛋液、起司烤起來變成很漂亮的金黃色，不但吃得很滿足，也非常開心地學這道料理。

鹹派是很容易應用的料理，把自己喜歡吃的東西放上去加熱，就是和義大利披薩或日本大阪燒很接近的Idea，如果要挑戰新派料理，一定要試試看這道喔～！

1. 鹹派皮

先做[鹹派皮]。將低筋麵粉、切小塊的奶油混合打均勻，再放入其他材料，揉到成麵糰的狀態後，拿出來分成兩塊，包起來，放在冰箱備用（這裡只會使用一塊）。

⇒ 如果沒有食物調理機，放入碗裡用手混合也可以。順序一樣，低筋麵粉、切小塊的奶油混合打均勻，再放入其他的材料喔！

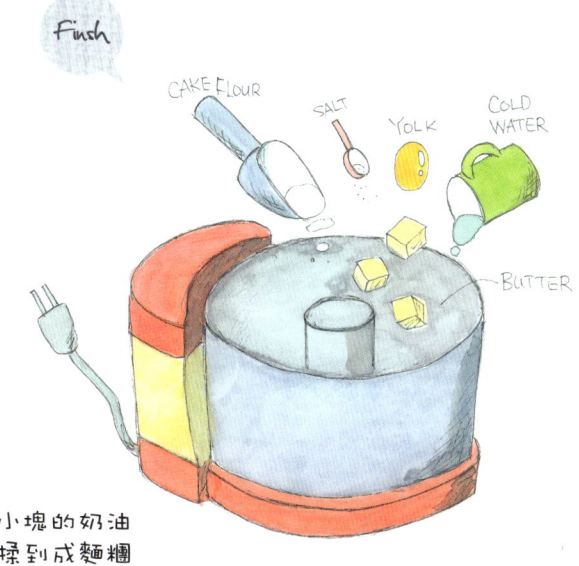

73

PART 2

FRENCH CUISINE

DOUGH

2. 取一塊麵糰，用擀麵棍把麵糰擀成圓薄片後，貼在模型表面上，切掉邊緣多餘的部分，底部用叉子刺洞，用保鮮膜包起來，放在冰箱約30分鐘。

⇒ 擀過的派皮馬上烤的話，麵筋很容易縮小，所以前一天做好，隔天再烤也可以。
⇒ 因為派皮表面有洞，烤的時候，多餘的水蒸汽比較容易跑出去，這樣派皮才不會變成濕濕的。

BAKING SHEET　BAKING PEBBLES

Bake for 15 min.

EGG WASH

3. 派皮上面放一張烘焙紙，再鋪上紅豆、生米（或小石頭隨便有重量的），放入預熱好的烤箱（上下火180℃），烤約15分鐘後，把上面有紅豆、生米的烘焙紙拿掉，塗一點蛋液（份量外），放回去烤箱，再烤約1～2分鐘，烤到蛋液變乾燥就可以了。

⇒ 烘焙紙上面的紅豆的目的是為了壓住派皮，不讓派皮膨脹太多的緣故。
⇒ 塗蛋液可以把刺的洞蓋住，不然倒入調好的蛋液時，會從洞裡漏出來！

PART 2

FRENCH CUISINE

4. 鍋子開中火,加入一點奶油,放入切好的蒜頭、紅&黃甜椒與鴻禧菇,炒到軟後,放入菠菜炒一下,再加一些鹽&黑胡椒調整味道。

⇒ 派裡放入的材料可以自己選擇,加入培根也很好。
⇒ 為了保持漂亮的綠色,菠菜不要太早放進去炒喔!

5. 派蛋液

準備[派蛋液]。把雞蛋、牛奶、鮮奶油、帕馬森起司、鹽&黑胡椒混合好。

6. 把炒好的材料放入派皮裡均等散開,再倒入派蛋液,撒上披薩起司,放入預熱好(上下火180℃)的烤箱,烤約20分鐘或裡面的蛋液凝固即可。

⇒ 派蛋液不一定要全部放進去,要看放進去的蔬菜份量決定。

Finish

75

| 法式料理

香噴噴法式蛤蜊飯
Clams & Butter Steamed Rice

份量 **4** 個

法國菜中有白飯料理嗎？當然有！它叫"Pilaf"，和日本的炊飯有一點像，通常用鍋子直接加入米和高湯一起煮，但煮久後很容易出現澱粉類的東西，並黏住鍋底的狀況，所以一定要好好控制火候，與鍋子密封的程度、燜煮的時間等等。

由於亞洲人比較習慣利用電鍋來煮飯，這次介紹的方法，是用法國的傳統做法準備好之後，再應用亞洲的烹調方式放入電鍋裡煮，這樣就完全不用擔心火候的大小而影響到米的熟度。事前準備的工作雖然費工，但後續加熱的動作就非常輕鬆喔！只要準備好食材放入電鍋裡，就可以先休息一下，等煮好之後，擺盤就好了！這次我用了蛤蜊，並利用它的湯汁來煮飯，風味全都被白飯吸收進去，煮出來的每粒飯都變得超級好吃的～！再搭配上清爽的飲品，就可以享受很輕鬆的法國午餐了！

材料

- 蛤蜊 Clams __ 500g
- 鹽 Salt __ 適量
- 米 Rice __ 300g
- 洋蔥 Onion __ 1/4個
- 紅蘿蔔 Carrot __ 1/4根
- 蒜頭 Garlic __ 2瓣
- 白酒 White wine __ 100cc
- 水 Water __ 200～250cc
  （要看蛤蜊汁的份量）
- 奶油 Butter __ 2小匙
- 白酒 White wine __ 2大匙
- 巴西里 Parsley __ 少許

1.
蛤蜊泡放入鹽水裡，放置一個晚上讓它吐砂，吐好砂後，沖水把殼的表面洗好。

2.
米洗好後，瀝乾水分；洋蔥、紅蘿蔔、蒜頭切末。

77

PART 2

FRENCH CUISINE

3.

鍋子開中火,加入一點油,放入蛤蜊炒一下,再倒入白酒100cc,蓋上鍋蓋,燜到殼全部打開取出,用篩網把蛤蜊和湯汁分開。

⇒ 蓋上鍋蓋,燜的時間要看火候大小,要隨時隨地注意蛤蜊的殼是否打開了,偶爾搖一下,看到殼全部打開,就要馬上熄火,不要加熱太久喔!

4.

把蛤蜊的湯汁和水混合共約300cc,然後蛤蜊的肉和殼分開,留一點當裝飾。

⇒ 水分和米要一樣的比例,1:1＝米300g:水300cc。

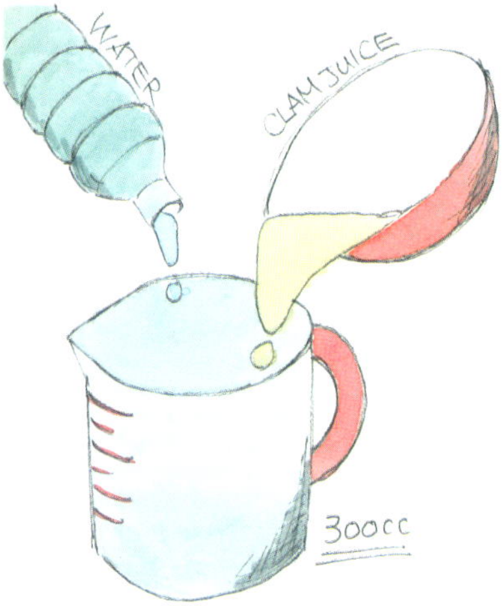

78

PART 2
FRENCH CUISINE

5.

平底鍋裡放入奶油，開中火，等奶油融化後，放入洋蔥、紅蘿蔔、蒜末，炒到洋蔥透明後，再放入米再炒一下，倒入調好的蛤蜊水、白酒2大匙。

⇒ 第二次加入白酒是為了香味，不用加太多，如果不習慣酒味，可以不用加喔！

6.

把平底鍋裡的材料全部倒入電鍋或電子鍋裡，和一般煮飯一樣方式按下去煮，煮好後，把蛤蜊肉放回去拌一拌就完成了，擺盤時，可以撒一點巴西里末。

finsh

法式料理

法式柳丁奶油醬可麗餅
Suzette Style Crepe with Orange Sauce

份量 2 個

材料

可麗餅（共4片）
- 低筋麵粉 Cake Flour __ 45g
- 砂糖 Sugar __ 15g
- 雞蛋 Egg __ 1個
- 牛奶 Milk __ 125cc
- 奶油 Butter __ 8g

法式柳丁奶油醬
- 柳丁 Oranges __ 3個
- 奶油 Butter __ 1大匙
- 砂糖 Sugar __ 1大匙
- 龍蒿 Tarragon __ 2把
- 君度橙酒 Cointreau __ 1大匙

我很愛吃可麗餅，從小就很喜歡這種點心。在我的年代時，日本原宿路邊就已經販賣可麗餅了，當時很流行邊走邊吃逛街。那時候看到電視很多人去買可麗餅，我非常羨慕，因為我住的神奈川縣離原宿還滿遠的，加上我那時候年紀還小，沒辦法一個人去，後來發現媽媽也有興趣，我們（媽媽、哥哥，還有我）就一起去原宿了，順便去逛東京。

第一次拿到現做的可麗餅真的很感動，連很會做料理、點心的媽媽也是，之後就再也沒有吃過那麼特別的點心。但後來可麗餅流行到全日本，連我去的學校旁邊也開了好幾家可麗餅店。現在台灣當然也有很多可麗餅店，我發現有的店家賣得可麗餅口感和餅乾很接近，感覺上台灣已經開發了很多種類的可麗餅，這次要介紹的可麗餅比較偏傳統的法國風格，和柳丁醬汁一起煮，是一道非常鬆軟＆甜點喔！

(*△*)

1. 可麗餅皮

把低筋麵粉過篩，加入砂糖、雞蛋混合攪拌後，慢慢倒入牛奶混合好，再加入已融化的奶油。

⇒ 一次倒入太多牛奶，很容易結塊，要記得一邊攪拌一邊加入少量牛奶，而且還要確認有無混合好，才能繼續倒入哦！

2.

平底鍋開小火，加入一點油，把準備好的可麗餅麵糊倒入一點，再把鍋子轉一轉讓麵糊平均散開，等兩面煎好後，折起來拿出來。

81

PART 2

FRENCH CUISINE

3.

把兩個柳丁切半,榨出汁,取另一個柳丁,用削皮刀削出幾條柳丁皮,再用刀子把果肉拿出來。

4.

平底鍋加入奶油,開中火,等到奶油融化後,加入砂糖,等砂糖開始變成淡咖啡色時,倒入柳丁汁,加入切絲的柳丁皮、龍蒿煮滾後,轉小火。

⇒ 加入香草味道更香!這次我用了龍蒿,也可以用其他香草,如:迷迭香、百里香、檸檬葉都適合,另外再加入肉桂棒也很好喔!

82

PART 2

FRENCH CUISINE

5.

放入折好的可麗餅。

6.

倒入一點君度橙酒，點火，讓酒精蒸發。

⇒ 請注意！如果不習慣這個動作，可以先熄火再加入，然後用打火機點火喔！
⇒ 倒入君度橙酒可以多一種香味，如果不習慣的人可以不加。

Finish

83

法式料理

超級酥脆！巧克力卡士達醬泡芙
Chocolate Custard Creamed Puffs

份量 **12** 個

材料

麵糊
- 水 Water __ 100cc
- 鹽 Salt __ 2g
- 奶油（無鹽）Unsalted Butter __ 40g
- 低筋麵粉 Cake Flour __ 60g
- 雞蛋 Eggs __ 1個
  （塗在麵糊表面用）

巧克力卡士達醬
- 蛋黃 Egg yolk __ 3個
- 砂糖 Sugar __ 60g
- 玉米粉 Corn starch __ 25g
- 牛奶 Milk __ 250cc
- 巧克力 Chocolate __ 150g
- 糖粉 Powdered sugar __ 適量

泡芙在我的印象中，是我媽媽一直說很麻煩的點心，讓我印象非常深刻，因為很愛做料理和點心的媽媽，常會猶豫要不要做。其實我都不知道為何做這道會那麻煩，覺得小小的殼裡裝入卡士達醬是比草莓蛋糕做法還簡單和單純！後來自己也做後，才想起媽媽常說：做這個很麻煩，要不斷的攪拌真的很累，小時候沒有大型的電動攪拌機（或太貴買不起？），都要用小型的電動攪拌機一直一直攪拌到很濃稠變成泡芙麵糊的樣子，它的力道是無法攪拌到很濃稠變成泡芙麵糊的樣子，所以每次都要用木湯匙一直一直不斷的攪拌，到目前為止，身為成熟的男人來做也會覺得有一點累，當我在教課時，只要教這道點心，都要事先心裡準備一下。不過每次烤到香味出現時，那種香噴噴的感覺和看到它膨脹的樣子，就很開心，是很有成就感的一道料理！

加入蛋液的做法我是用畫畫的方式，當然您也可以用電動攪拌機，因為現在的電動攪拌機比較方便，只要稍微換一下電動攪拌機的頭，就可以輕鬆做出這個動作，要不然和我一樣慢慢用手攪拌也OK的，重點是要開心做喔！

Step

1. 麵糊

先準備[麵糊]。鍋子裡放入水、鹽、奶油，開中火，等到奶油融化煮滾後，熄火，放入低筋麵粉，再開中小火繼續煮，要不斷的一直攪拌到鍋底出現很薄的麵糊黏住的樣子後才熄火。

⇒ 一定要等到煮滾後，再放入麵粉喔！不然會影響到泡芙膨脹的狀態。

2.

雞蛋混合打勻，一次再加入一點的蛋液攪拌混合好，確認沒有結塊，再繼續倒入蛋液，直到麵糊變軟，放入木鏟可以拉出濃稠麵糊而不會滴下來的程度。

⇒ 有時蛋液不一定要全部倒完，或兩個蛋完全不夠的情況，看麵糊本身的濕度、雞蛋的大小、水分蒸發的速度等等。反正麵糊不要太硬（不好膨脹），也不要太稀（變成很扁的殼）就好。

85

3.

麵糊還溫溫的時候要馬上放入擠花袋裡備用；烤盤上鋪一張烘焙紙，把麵糊均等擠12個，表面塗上蛋液，再放入預熱好（上下火200°C）的烤箱，烤約10～15分鐘，看到膨脹後，溫度調到180°C，繼續再烤約15分鐘，等殼的表面定型。

⇒ 如果低溫定型的時間不夠，冷卻後，泡芙的殼很容易縮小。

⇒ 定型效果很好的方式是180°C烤約15分鐘後，把烤箱關掉，然後門開一點，讓它慢慢降溫，這樣子泡芙的殼就會酥脆，也不會縮小了！

4. 巧克力卡士達醬

接著製作 [巧克力卡士達醬]。將蛋黃、砂糖攪拌勻，放入玉米粉攪拌，確認都混合好後，倒入加熱過的牛奶攪拌好，倒入鍋子裡，開中小火，一直攪拌到凝固後熄火，放入巧克力，利用餘熱把巧克力融化後就完成了！

⇒ 加入巧克力的部分，可以改成不同的口味，如：南瓜泥、地瓜泥也很不錯喔～！

PART 2

FRENCH CUISINE

5.

最好玩的時間到了！
把泡芙的殼中間切開，
或底部用筷子刺洞。

⇒ 這個要看您怎麼擠入巧克力卡士達醬了，也可以完成品切半後，再擠入卡士達醬。

CHOCOLATE CUSTARD

OR

ICING SUGAR

Finsh

6.

擠入巧克力卡士達醬，
再撒上糖粉就完成了。

87

Snapper Carpaccio with Mustard Sauce
Tomato & Prawns Capellini Salad
Today's Special Minestrone Soup
Pinto Beans Soup
Florence Style Pork Sautee
Sautéed Chicken with Balsamic Sauce
Seafood Risotto with Prawn Stock
Rich & Creamy Carbonara
Panna Cotta with Fruits
Squash Tiramisu

PART 3
義式料理
ITALIAN CUISINE

義式料理

鯛魚&烤甜椒Carpaccio佐黃芥末美乃滋沙拉醬

Snapper Carpaccio with Mustard Sauce

份量 2 個

原本Carpaccio是用牛肉做成的，把牛肉切片，拍一下做成薄片擺盤，調味很簡單，只要撒上鹽、黑胡椒，再加一點橄欖油，做法是和日本的生魚片很像，所以在日本很快就被接受了。

現在Carpaccio則開發了更多種不同的材料、口味，之前我曾經看過Carpaccio專賣店，可以讓客人自行選擇要什麼肉類配什麼醬，因為熱量不高，又有營養成分，減肥時食用也很適合。當然也可以直接放在切成薄片的麵包上或當下酒菜，用途很多，是一道很優秀的料理。

這次我選用鯛魚，白身魚味道很淡，雖然魚本身味道不濃郁，但好處是可以搭配在許多食材上。另外為了增加清爽的味道，蔬菜我選擇烤過的甜椒搭配，甜椒烤後，會出現豐富的甜味，並加入自製的美乃滋一起搭配，真的很適合！除了生魚片外，也可以用煮過的海鮮，如蝦子、干貝等，一起做成沙拉也很方便喔！

🇮🇹 材料

紅&黃甜椒 Red & yellow bell pepper __ 各1/2個
橄欖油 Olive oil __ 1/2大匙
紫洋蔥 Red onion __ 適量
苜蓿芽 Alfalfa __ 少量
鯛魚 Snapper __ 2片
龍蒿 Tarragon __ 2把
鹽&黑胡椒 Salt & Black pepper __ 適量
帕瑪森起司 Parmesan cheese __ 適量

黃芥末美乃滋沙拉醬

蛋黃 Egg yolk __ 1個
白酒醋 White-wine Vinegar __ 1大匙
黃芥末籽醬 Dijon mustard __ 1小匙
鹽&黑胡椒 Salt & Black pepper __ 適量
橄欖油 Olive oil __ 100cc

Step

1.

先處理紅&黃甜椒，切成容易吃的大小；烤盤上鋪一大張鋁箔紙，放入紅&黃甜椒，淋上橄欖油（E.V.橄欖油／特級冷壓橄欖油），放入預熱好的（上火250℃）烤箱裡，烤約10～15分鐘。

⇒ 表面要烤焦才容易撕下來，所以溫度要高一點，烤盤放在和上火靠近的地方沒關係喔！

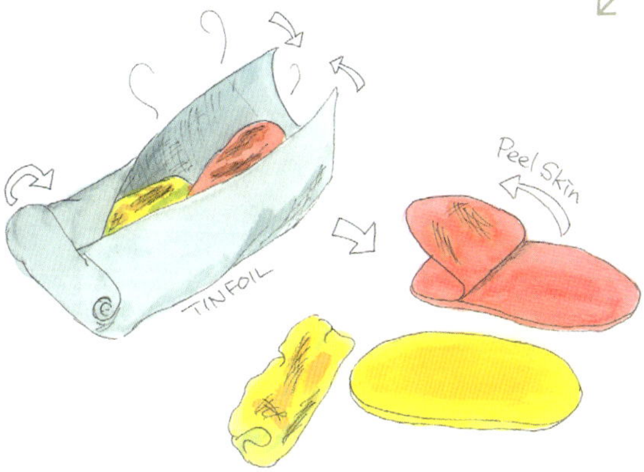

2.

烤到表面焦焦的樣子，就可以拿出來，利用下面的鋁箔紙包起來，繼續燜約10分鐘。打開鋁箔紙，就可以聞到超棒的香味，把紅&黃甜椒的皮撕下來。

⇒ 如果需要的話，可以用紙巾擦乾淨或稍微沖一沖。

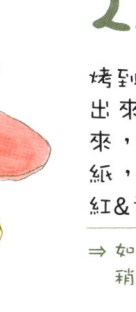

PART 3

ITALIAN CUISINE

RED ONION

ROASTED BELL PEPPER

ALFALFA

3.
把紅&黃甜椒切絲；紫洋蔥切薄片泡水；苜蓿芽切斷。

4.
這次我用了鯛魚，逆紋切成薄片。

⇒ 用其他種類的生魚片也可以，只要記得選擇魚肉口感比較脆的就好。因為要切薄片，如果用紅色的魚（鮪魚類）比較嫩，所以要切得稍微厚一點喔！

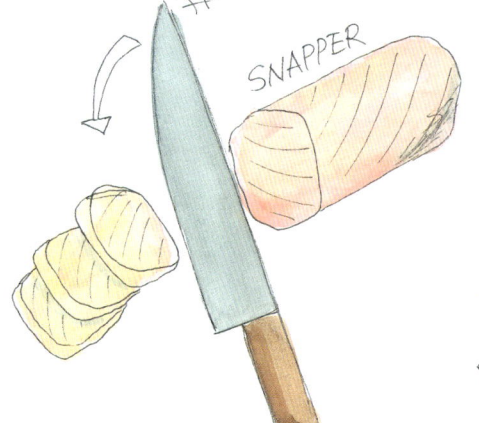

SNAPPER

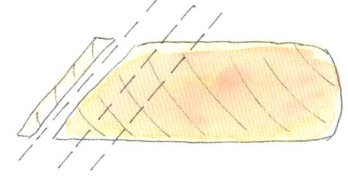

☆Slice Against the Grain!

PART 3

ITALIAN CUISINE

5.

將橄欖油（E.V.橄欖油／特級冷壓橄欖油）以外的[黃芥末美乃滋沙拉醬]材料全部放入容器裡，混合攪拌好後，再一邊攪拌，一邊慢慢倒入橄欖油。

⇒ 一開始油不要加太多，確認液體乳化後，再繼續倒入油。

6.

怎麼樣擺盤都可以～這次我用了長方形的盤子，先把魚片排好後，放上處理好的食材包括龍筍，撒入鹽&黑胡椒、帕瑪森起司，再淋上[黃芥末美奶滋沙拉醬]就完成了！

⇒ 下面鋪一些萵苣，做成海鮮沙拉也不錯！

93

義式料理

番茄＆蝦子油漬天使麵沙拉

Tomato & Prawns Capellini Salad

份量 2 個

材料

- 蝦子 Prawns __ 8隻
- 檸檬 Lemon __ 1/2個
- 小番茄 Mini tomato __ 8個
- 紫洋蔥 Red onion __ 1/4個
- 龍蒿 Tarragon __ 2把
- 鹽&黑胡椒 Salt & Black pepper __ 適量
- 黑橄欖 Black olives __ 6粒
- 橄欖油 Olive oil __ 100cc
- 天使麵 Capellini __ 150g

義大利麵也可以當成沙拉喔！做成冷麵感覺也會很清爽，在日本也有涼麵，之前我個人對涼麵沒有什麼特別的印象。

在我高中時，曾在餐廳過打工，餐廳裡販賣各式各樣無國界的料理，如西洋、日式、中式等，當時都很開心的做料理，但每當有一種Order進來時，大家都會很不開心，那就是涼麵。雖然做法不會很難，但流程很多，很麻煩。因為涼麵的材料每次都會被擠到大冷藏庫最後面，常被很多東西壓到，看不到也不好找，雖然這是屬於夏天的食材，但卻在冬天販賣，真的很奇怪，當然也會被擠到最後放。當時在餐廳裡，我年紀最小，每當有這道Order 進來時，我就必須要進去很冷的大冷藏庫找，如果找不到就會被罵，所以每次都聽到涼麵的名字就開始煩惱了，後來改善食品保存的方法，就變得好找多了。

不過這次介紹這道料理不用煩惱喔！大家可以用義大利麵做成美味沙拉，用油漬的方法入味，食材都會變得很可口。澱粉類都很適合，如果您家倉庫一時找不到義大利麵，也沒人會罵您了，可以用其他澱粉類代替，比方說放入切好的薄片麵包，馬上就可以上菜啦！

1.

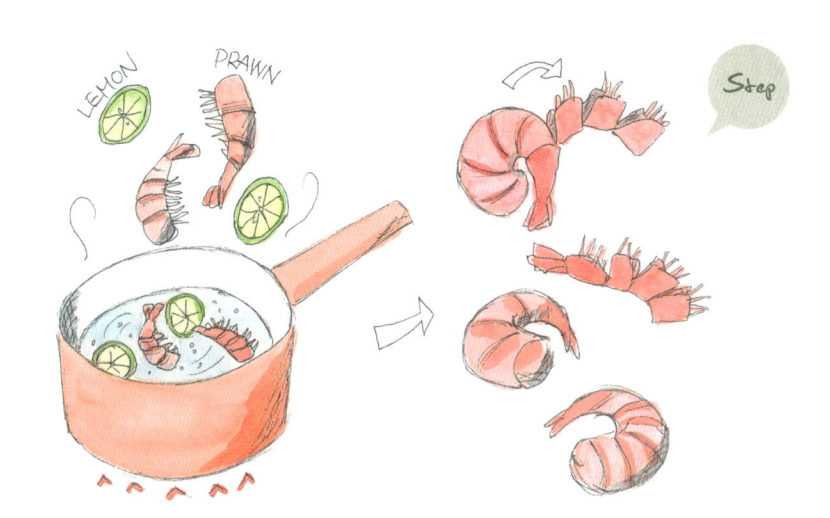

先將蝦子的頭拿掉，身體殼的部位先留著，準備滾水，放入幾片檸檬片，放入蝦子煮到熟，再拿出來冷卻後去殼。

⇒ 帶殼煮可以保持蝦子的風味，放入檸檬片則可以去掉腥味。
⇒ 煮的時間要看鍋子的大小與火候。看到蝦子整個捲起來，就表示已經熟了。

PART 3

ITALIAN CUISINE

2.

把小番茄的蒂頭去掉，底部表面切十字，再放入滾水余燙約10秒後撈出，放入冰水中冷卻後剝皮。

⇒ 切十字時，不要切太深喔！只要表面皮的部分切到就好了！

3.

做法1的檸檬切幾片後，剩下的榨出檸檬汁；紫洋蔥切薄片泡水。

4.

把處理好的食材包括龍蒿全部放入容器中，撒上鹽&黑胡椒，倒入檸檬汁、橄欖油（E.V.橄欖油／特級冷壓橄欖油）混合好（這樣可以醃幾天喔！）

⇒ 最快約30分鐘取出，也可以放約2～3天。份量可以一次多做一點，慢慢取出來用也OK！

96

PART 3

ITALIAN CUISINE

5. 準備麵～如果是冷吃，建議用細一點的麵，這次我用了天使麵。煮好的天使麵馬上放入冰塊水中，淋上橄欖油（E.V.橄欖油／特級冷壓橄欖油）攪拌好，可以預防黏在一起。

⇒ 也可以用普通的義大利麵，但要煮到稍微軟一點，不然冷卻後口感會變太重。

6. 天使麵放入容器裡，倒入醬汁混合，拌一拌，就可以試吃味道（如果需要，可以再加入鹽&黑胡椒），和其他材料一起擺盤，擺上黑橄欖，美味的冷製Pasta就完成了～！

97

義式料理

今日推薦蔬菜湯 義式茄汁

Today's Special Minestrone Soup

份量 2 個

ITALY

🇮🇹 材料

- 洋蔥 Onion __ 1/4個
- 蒜頭 Garlic __ 2瓣
- 培根 Bacon __ 4片
- 紅蘿蔔 Carrot __ 1/4根
- 馬鈴薯 Potato __ 1個
- 芹菜 Celery __ 2支
- 南瓜 Squash __ 50g
- 番茄 Tomato __ 1個
- 橄欖油 Olive oil __ 少許
- 法國麵包 French bread __ 6片
- 白酒 White wine __ 50cc
- 水 Water __ 400cc
- 水煮番茄（罐頭，打成泥狀）Canned tomato __ 400g
- 鹽&黑胡椒 Salt & Black pepper __ 適量
- 百里香 Thyme __ 2把
- 帕瑪森起司 Parmesan Cheese __ 適量

很多餐廳的套餐都有附這種湯「今日推薦湯」（今日のおすすめスープ）。像我們餐廳賣這道湯的其中一個原因是可以將切剩的菜用掉。因為這一道湯品大部分都是用沒用完的食材來切成小塊做成湯喔！「用剩下的食材製作」，聽起來好像不高級，但不要小看這道湯品，因為每次切剩的菜都不一樣，種類也很多，有的時候貴的食材沒辦法單獨賣時，就會放進這道湯裡。

之前我工作的餐廳，中午休息時，就會有很多上班族進來吃午餐，大家都很期待喝到今日推薦湯，因為客人都知道，餐廳有時候會放入一些比較貴重的食材在湯裡，所以我推薦去餐廳時，一定要點「今日推薦湯」，喝的時候還可以慢慢研究湯裡到底放入了什麼材料。

這次我設計的蔬菜湯不是用剩下的食材喔！是利用家中的食材設計出來的。像日本人常喝的味噌湯，也是利用這樣的想法。媽媽們可以把冰箱裡剩下的菜放入煮湯，這樣就可以吃到很多種類的蔬菜，也可以吸收到不同的營養喔！

Step

1. 洋蔥、蒜頭、培根、紅蘿蔔、馬鈴薯、芹菜、南瓜，全部都切成容易吃的大小。

⇒ 基本上大部分的蔬菜都可以，看看冰箱有什麼食材都可以用！
⇒ 澱粉類的蔬菜（南瓜、馬鈴薯）不要切成太小塊喔！

2. 這次我要用Wild一點的方法去番茄皮！把蒂頭去掉，叉子插進去，用瓦斯爐在番茄表面燒烤，一下就可以看到皮縮小，然後放入冰水裡冷卻後，再把皮撕下來，切成小塊。

⇒ 當然也可以用汆燙的方法去掉番茄的皮，看個人的習慣喔！

99

PART 3

ITALIAN
CUISINE

3.

鍋子開中火，加入一點橄欖油，放入培根、洋蔥、蒜頭、紅蘿蔔、芹菜，炒到香味出來。

⇒ 這些蔬菜都是很香的蔬菜，可以炒久一點，讓蔬菜本身的風味抽出來。

4.

加入馬鈴薯、南瓜、番茄炒一下。

100

PART 3

ITALIAN CUISINE

5.

把法國麵包切成薄片，塗一點橄欖油（E.V.橄欖油／特級冷壓橄欖油），放入烤箱（上下火200°C），烤約2～3分鐘至表面呈金黃色。

⇒ 溫度、時間是參考的，可依烤箱火候不同，稍微調整一下喔！

6.

做法4倒入白酒、水與打成泥的水煮番茄，再加入鹽&黑胡椒、百里香，煮到馬鈴薯軟，就可以熄火了，接著擺盤，再放上法國麵包，撒上帕瑪森起司就完成了！

101

義式料理

鄉村風花腰豆濃湯
Pinto Beans Soup

份量 2 個

材料

- 芹菜 Celery ＿ 2支
- 紅蘿蔔 Carrot ＿ 1/4根
- 洋蔥 Onion ＿ 1/4個
- 鴻禧菇 Shimeji mushrooms ＿ 1包
- 綠櫛瓜 Zucchine ＿ 1/2支
- 黃甜椒 Yellow bell pepper ＿ 1/2個
- 花腰豆（煮好）Pinto beans ＿ 400g
  （可以用喜歡的豆類，紅豆也可以）
- 白酒 White wine ＿ 100cc
- 水 Water ＿ 250cc
- 鹽＆黑胡椒 Salt & Black pepper ＿ 適量

哇～！這次要用很特別的豆子來做湯喔！這道算是義大利的家庭料理。其實每個國家都會用不同的豆類來做湯，如：法國有濃湯湯、日本的話有味噌湯。亞洲有紅豆湯，它不是湯的材料，是調味啦！但別擔心，這次用的豆子不會像味噌那麼鹹，而是用花腰豆來做濃湯，把大量的豆子稍微打碎一下後，再放入湯底裡，喝的時候可以享受到豆香味，也會有滿足感。豆類湯的好處是很容易飽，不需再另外吃一些澱粉類，就可以飽了。

如果想減少澱粉類的攝取，就可以煮這道湯，雖然我用了花腰豆，但不一定要用這種特別的豆子，用自己方便和習慣的豆類也可以，如黃豆。重點是用水煮到軟，再調整豆子的形狀，打碎或直接放入煮好的湯底都OK。如果打碎的湯口感太黏，可以淋入一點橄欖油，橄欖油的香味、滑潤的口感和花腰豆在一起是超級絕妙的組合，美味得讓人一下子就喝光光喔！

Step

1. 把芹菜、紅蘿蔔、洋蔥、鴻禧菇、綠櫛瓜與黃甜椒都切成小丁。

2. 這次我用了花腰豆，它是已經煮過的，直接打成泥就好了。

⇒ 可以用自己習慣的豆類（如黃豆、綠豆等等）先煮到軟。

⇒ 不用全部打成泥或打得太細喔！可以留一些顆粒，吃起來口感會更好。

PART 3

ITALIAN
CUISINE

CARROT　SHIMEJI　CELERY
ONION

3.

開中火，鍋裡加入一點油，放入洋蔥、芹菜、紅蘿蔔與鴻禧菇，炒到香味出來。

BELL PEPPER
ZUCCHINE

4.

接下來，放入黃甜椒與綠櫛瓜，炒一下下就好了。

⇒ 綠櫛瓜很容易碎掉，不要炒太久喔！
⇒ 如果沒有綠櫛瓜，可以用其他綠色的蔬菜代替就好了。

PART 3

ITALIAN CUISINE

5.

倒入白酒與水，
煮到紅蘿蔔熟。

6.

倒入花腰豆，加入鹽&黑胡椒調整味道，就完成了！

⇒ 擺盤，淋上橄欖油，就可以享受又香又滑潤的口感喔！

義式料理

佛羅倫斯風香烤豬里脊肉
Florence Style Pork Sautee

份量 2 個

ITALY 材料

豬里脊肉 Pork loin ＿ 4片
鹽 & 黑胡椒 Salt & Black pepper
　＿ 適量
百里香 Thyme ＿ 2把
高筋麵粉 All purpose flour ＿ 3大匙

佛羅倫斯醬
菠菜 Spinach ＿ 2把
小番茄 Mini tomato ＿ 8個
蒜頭 Garlic ＿ 2瓣
奶油 Butter ＿ 1/2小匙
鮮奶油 Whipping cream ＿ 200cc
起司粉 Parmesan cheese ＿ 3大匙
蛋黃 Egg yolk ＿ 2個

這道佛羅倫斯醬是我的最愛之一，在設計義大利料理時，我馬上想到這道，不只味道，連名字都很特別。第一次認識這種醬，是我在打工的時候，因為這家餐廳的許多料理都很特別，每次服務生帶客人進來點餐後，負責的服務生都要很大聲地唸出來給廚師們聽，有的前輩很會唸，有的前輩也會很緊張一直唸錯，當時大家都會偷笑。經過數個月後，我也漸漸習慣工作內容，但我負責的內容也越來越多，有一天終於有機會唸菜單，我就很用力大聲唸菜名，結果老闆進來廚房罵我。

因為我的聲音大到連坐在外面的客人都聽到了，餐廳本來很安靜輕鬆的氣氛，卻因為點菜過於大聲，把大家都嚇到了。大是之前我打工的地方很吵，而且離客人的位子有一段距離，所以每次大家都很大聲講話，以致於忘了我現在在不同餐廳工作，換到新的餐廳工作要安靜～Sorry，(˚▽˚)/(ー_ー)↑

「老闆，我太大聲了⋯⋯。」

這道是義大利某個地方研發出來的菜單，把肉的表面稍微燒烤一下，變成金黃色，再搭配漂亮的醬汁，非常美味！肉的部分可以換成喜歡的食材，如雞胸肉、魚排都很適合喔！

Step 1.

用鎚子稍微把豬里脊肉打一下，把肉的組織打碎，再撒上鹽&黑胡椒。

⇒ 用空瓶或擀麵棍也可以。

PORK LOIN

Step 2.

豬里脊肉表面撒上百里香葉，沾上高筋麵粉。

⇒ 我習慣用高筋麵粉，因為比低筋麵粉容易沾均勻喔！
⇒ 沾了高筋麵粉的肉片要馬上開始煎，不然豬里脊肉的水分溢出來，會讓表面變成黏黏的。

THYME　FLOUR

PART 3

ITALIAN CUISINE

3.

平底鍋開中火,加入一點油,放入豬里脊肉,煎到表面呈金黃色後,熄火保溫。

⇒ 肉片很薄,基本上兩面都煎到金黃色的話,就表示裡面已經熟了。

SPINACH

4. 佛羅倫斯醬

準備[佛羅倫斯醬]。把菠菜切段;小番茄、蒜頭切成薄片。

MINI TOMATO

GARLIC

108

PART 3

ITALIAN
CUISINE

5.

平底鍋開中火，加入一點奶油，放入蒜頭，炒到香味出來後，再放入菠菜炒一下，倒入鮮奶油煮滾後，轉小火，再加入起司粉試味道（如果需要，可以再加入一點鹽），熄火，加入蛋黃混合攪拌好。

⇒ 加入蛋黃後不要再開火。
⇒ 起司粉含有鹹味，如果已經夠鹹，不需另外再加鹽喔！

6.

把醬汁倒在盤子上，放入煎好的豬里脊肉，擺上小番茄，用噴槍把表面燒烤到呈金黃色就完成了。

⇒ 如果沒有噴槍的話，可以放進烤箱烤（記得用耐熱容器），等表面烤上色，就可以拿出來了。

109

義式料理

香煎雞腿肉佐巴薩米克醋醬
Sautéed Chicken with Balsamic Sauce

份量 **2** 個

ITALY 材料

- 雞腿肉 Chicken thighs __ 2支
- 鹽 Salt __ 3g
- 紅蘿蔔 Carrot __ 1/2根
- 馬鈴薯 Potato __ 1個
- 洋蔥 Onion __ 1/4個
- 四季豆 Green beans __ 6根
- 培根 Bacon __ 4片
- 水 Water __ 50cc
- 奶油 Butter __ 1/2小匙
- 砂糖 Sugar __ 10g
- 鹽、黑胡椒 Salt & Black pepper __ 適量
- 紅酒 Red wine __ 50cc
- 巴薩米克醋 Balsamic vinegar __ 2大匙
- 砂糖 Sugar __ 2小匙
- 醬油 Soy sauce __ 1/2大匙

這次來介紹煎到香噴噴的雞腿肉料理喔！我常用雞腿肉做出很多種料理，因為這種食材的好處就是很容易買到，只要控制加熱的方式，就可以變化出很多不同的料理。這次我稍微把雞肉用鹽醃一下後再煎，通常雞肉連骨頭一起煎的話，常會遇到一種問題，那就是外面味道雖有，但裡面的味道比較淡，如果利用這種方法味道就很容易入味，而且每口吃起來味道都會剛剛好！

那麼，要搭配什麼醬呢？聽說很多人會為了一道食譜，去買一整瓶的巴薩米克醋，只用一次，就再也沒用過，因為不知道可以用在哪些料理中。好～沒問題！那我就來介紹一道可以用巴薩米克醋的醬。我曾經設計過日本和義大利結合的料理，把巴薩米克醋和醬油混合在一起，因為這兩種都是經過發酵做出來的調味料，味道很容易和，這樣吃起來就有酸酸鹹鹹的味道，但如果直接用巴薩米克醋的話，味道就會太重，若再加入一點甜味和更好，甜味我這次是用糖，也可以用蜂蜜、黑糖代替，就會多增加一種風味喔～

Step

1.

雞腿肉切開，把骨頭露出，表面撒上鹽，讓它入味。

⇒ 可以的話，前一個晚上先處理，更容易入味！

2.

紅蘿蔔、馬鈴薯、洋蔥切成薄片；四季豆切成段；培根切成小塊。

PART 3

ITALIAN
CUISINE

3. 鍋子裡放入紅蘿蔔、培根，再加入水、奶油、砂糖與鹽，煮到滾後，轉小火，再煮到紅蘿蔔變軟。另外一鍋加入水，放入馬鈴薯煮到熟後取出，再順便把四季豆放進去，一起汆燙好。

⇒ 紅蘿蔔要煮到有光澤的樣子。如果水分不夠，紅蘿蔔還沒熟，可以再補水繼續煮喔！

4. 平底鍋裡加入奶油，開中火，等奶油融化後，放入洋蔥，炒到透明後，再放入煮熟的馬鈴薯，並撒上鹽&黑胡椒拌一拌。

PART 3

ITALIAN CUISINE

5.

終於主角來了～！把入味的雞腿肉放入預熱好的平底鍋裡，兩面煎到呈金黃色，再轉小火，繼續煎到裡面熟透。

⇒ 因為肉已經切開，不用煎很久，如果看到骨頭旁邊溢出透明的肉汁，就表示已經熟了！

6.

煎好的雞腿肉拿出來，同一鍋子裡，倒入紅酒、巴薩米克醋、鹽、砂糖與醬油，煮到稍微濃縮一點就可以熄火了，把紅蘿蔔、四季豆、馬鈴薯放在盤子上，淋上巴薩米克醋醬，再放入煎好的雞肉就完成了！

⇒ 因為紅酒、醋、醬油都是經過發酵做出來的，味道很容易中和，再加入砂糖，會讓醋的酸味更柔和！

義式料理

蝦湯風味義式燉飯 Risotto

Seafood Risotto with Prawn Stock

份量 1 個

ITALY 材料

洋蔥 Onion __ 1/4個
鴻禧菇 Shimeji mushrooms __ 1包
花椰菜 Broccoli __ 1/2把
蝦子 Prawns __ 5～6隻
米 Rice __ 80g
橄欖油 Olive oil __ 適量
白酒 White wine __ 2大匙
水 Water __ 300cc
起司粉 Parmesan cheese __ 2大匙
鹽&黑胡椒 Salt & Black pepper __ 少許

之前我很少做這種義式燉飯，因為要一直攪拌一直加水，很費工，所以很少做這道料理。後來發現這道義大利燉飯，做法很簡單！這次介紹的是傳統方法，也就是用生米煮（如果要節省時間的話，可以用煮好的飯），用生米煮的好處是口感會很好，煮時和攪拌後，米表面會稍微磨過的感覺，澱粉稠度剛好，又有微甜味。這種做法有一點像煮粥，因為煮粥時都會用生米煮成粥，但如果有耐性的話，可以慢慢從生米煮過的白飯，比直接用白飯做出的味道更濃郁而且更有風味，什麼都還沒有加入的時候，味道就已經很甘甜！Oh，Don't worry！當然，這裡我並不是要介紹白煮飯，其實一看菜名就知道，我要用蝦子料理，因為蝦頭可以熬湯，濃香的海鮮湯和米混合一起煮，會讓每粒米飯都吸收到蝦的香味喔！

Step

1. 洋蔥切末；鴻禧菇剝小塊；花椰菜汆燙好。

2. 把蝦子頭部切掉，殼去掉後背部切開，把腸泥拉出來。
⇒ 頭部不要丟掉喔！可以用來熬湯。

3. 平底鍋開中火，放入一點油，把洋蔥、鴻禧菇炒到香味出來後，放入蝦子尾巴、頭部。

115

PART 3
ITALIAN CUISINE

4.

蝦子尾巴煮到變成紅色後先拿出來。

⇒ 蝦子煮太久口感會不好,先把尾巴的部分拿出來,最後再放回去。

5.

放入米、橄欖油(E.V.橄欖油／特級冷壓橄欖油)炒一下,炒到每粒米都沾到橄欖油。

6.

倒入白酒、100cc的水,開中火,不斷攪拌到米全部吸收水分後,再倒入100cc的水,重複動作到剩下的水全部倒完,再放入花椰菜、蝦子,撒上起司粉、鹽&黑胡椒調味。

⇒ 水不要一次倒入太多,要分幾次加入,一邊倒一邊攪拌,就可以做成口感非常好吃的燉飯喔!

⇒ 水分可以自己調整,要汁多一點就多加一點水!

義式料理

濃郁&滑潤快速Carbonara

Rich & Creamy Carbonara

份量 **1** 個

117

ITALY 材料

四季豆（or 豌豆）（余燙）
Green beans, blanched or Snap peas, blanched
__ 3～4根

蒜頭 Garlic __ 1～2瓣

培根 Bacon __ 50g

雞蛋 Egg __ 1個
（要確認雞蛋是否新鮮、衛生、安全，可以直接生食）

起司粉 Parmesan cheese __ 2～2.5大匙

鮮奶油 or 牛奶 Whipping cream or Milk
__ 1～2大匙（不加也可以）

鹽 Salt __ 適量

義大利麵 Spaghettis __ 90～100g

黑胡椒 Black pepper __ 適量

Step

我是在餐廳打工的時候學到這道義大利麵的，之前吃過的都是媽媽做的番茄醬口味，從沒吃過用蛋＆起司做的。第一次吃到它的時候嚇一跳，沒想到義大利麵這麼好吃，濃郁的口味和我的喜好很Match。因為餐廳規定擺盤前一定要試吃，確認味道可以不可以，像我們這些學徒們就需要這個動作，才能學到正確的調味。因為這個餐廳義大利麵料理不能一次做多量，一定要一份一份分開做，每做一份都要先試吃，再來擺盤上菜。結果發生給客人吃的份量每次都變少了一點。有一天客人發現中午吃的份量和晚上吃的份量不一樣，因為中午是前輩們做＝不用試吃，很多就直接上菜；晚上是我們學徒做＝試吃很多＝上菜時份量變少……餐廳發現這種狀況後，就在員工休息室內貼通告說：「試吃的時候，請好好控制自己！」大概主廚＆長官們都了解我們的狀況，休息時，員工菜多吃一點。

這次介紹的做法其實很簡單，把麵做成有滑潤的口感，最重要的是火候，只要用這種方式，絕對不失敗，而且隨時可以吃到剛好稠度的Carbonara～♪

1. 把四季豆（或豌豆）切段；蒜頭切薄片；培根切小塊。

GREEN BEANS
BACON
GARLIC

2. 碗裡放入雞蛋、起司粉、鮮奶油混合攪拌好。

EGG PARMESAN CREAM

3. 準備滾水，加入鹽、義大利麵。
⇒ 因為這道義大利麵醬汁做法不會很複雜，可以先開始煮麵喔！

118

PART 3

ITALIAN CUISINE

4. 平底鍋加入一點油，開中火，放入培根、蒜頭，炒到香味出來後，熄火。

5. 義大利麵快煮好時，可以順便放入四季豆汆燙一下。

6. OK！現在可以全部合在一起了～！把煮好的義大利麵、四季豆、炒過的培根與蒜頭，放入做法2的容器裡混合攪拌好，確認材料都全部混合好，可以試一下味道（如果需要口味鹹一點，可以再加入鹽調整味道），撒上黑胡椒就完成了。

⇒ 做法6是利用餘熱的，所以蛋液不會因為不熟而變成一粒一粒的！

119

義式料理

Panna Cotta with Fruits

義式鮮奶酪佐蛋黃醬

份量 **4** 個

材料

- 吉利丁片 Gelatin sheet __ 10g
- 牛奶 Milk __ 250cc
- 鮮奶油 Whipping cream __ 400cc
- 砂糖 Sugar __ 60g
- 水果 Fruits __ 適量

蛋黃牛奶醬

- 牛奶 Milk __ 250cc
- 薑片 Sliced ginger __ 1片
- 蛋黃 Egg yolk __ 2個
- 砂糖 Sugar __ 30g
- 玉米粉 Corn starch __ 5g

這款甜點現在很多地方都可以看到，連連鎖壽司店都有販賣，是非常受歡迎的甜點。因為乳酪本身的味道比較單純，只有奶味，所以這次我做比較一點特別口味和甜點的蛋黃醬。有一種材料幾乎和甜點沒有關係，請注意看看材料表，對！我用了薑！牛奶裡加入一點點的薑煮一下，用薑的香味熬出來做的蛋黃醬味道非常棒！味道不會太明顯，一種香味但不太清楚它是什麼的……其實這種蛋黃醬我常做，和蛋糕一起搭配，好吃又好看。但有時候客人不太習慣吃蛋味太重的，或不能吃加入利口酒（Liqueur）的醬，用這種薑風味的蛋黃淋上去就很喜歡。香味會把蛋的腥味中和，也比較不容易膩。淋在奶酪表面更有風味，本來單純的奶味，就變成很高級的香味。做這款甜點給家人或朋友吃，先不要說用什麼東西做的，讓他們吃一口再猜猜看，就是一道可以讓味蕾運動一下的美味甜點喔！

Step

1. 把吉利丁片或吉利丁粉泡水。

⇒ 用吉利丁片或吉利丁粉都可以用，份量是一樣的。

2. 鍋子裡倒入牛奶、鮮奶油、砂糖，開小火煮滾後熄火。

PART 3

ITALIAN CUISINE

3. 放入泡變軟的吉利丁片攪拌好,要確認都融化喔!倒出容器中,隔冰塊水冷卻。

⇒ 加入吉利丁片時,千萬不要開火,因為溫度太高,吉利丁的凝固力會變差,利用之前的餘熱就會融化喔!

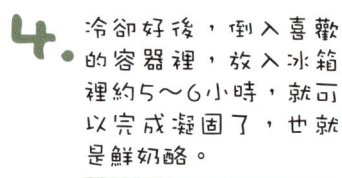

4. 冷卻好後,倒入喜歡的容器裡,放入冰箱裡約5～6小時,就可以完成凝固了,也就是鮮奶酪。

122

PART 3

ITALIAN CUISINE

5. 蛋黃牛奶醬

準備[蛋黃牛奶醬]。牛奶裡加入一片薑片，開中火煮熟；取另一容器，加入蛋黃、砂糖混合攪拌均勻，放入玉米粉，再混合攪拌好。

⇒ 放入薑片就可以增加一點特殊的香味，但不要加太多喔！味道太重的話，很容易吃膩！

6.

牛奶250cc煮到鍋子邊緣看到出現一點泡泡就可以熄火了，取出薑片，倒入混合好的[蛋黃牛奶醬]的容器中攪拌均勻，再把混合好的牛奶，倒回鍋子裡，再開中火，加熱煮到濃稠就可以熄火，放置冷卻，再和鮮奶乳酪擺盤，擺上當季的水果就完成了。

123

義式料理

南瓜風味提拉米蘇
Squash Tiramisu

份量 **4** 個

大家應該都知道我很愛用南瓜，它本身的顏色很漂亮，味道不會很重，而且可以有很多變化。我之前介紹過類似的蛋糕，反應很好，但有一點費工。所以這次的做法更簡單，味道一樣好吃！加入南瓜泥，可以中和乳酪的酸味，並留下很溫和的南瓜濃香味。

最早看到這份蛋糕食譜的時候，發現要找一種很特別的材料叫Mascarpone，也就是做提拉米蘇（Tiramisu）用的乳酪種類之一。那時候這種蛋糕還沒那麼流行，也沒有人在家裡做，所以材料很難買到。也因為這樣，很多人和我一樣會放棄做這道料理，後來發現不一定要用這種特別的食材，也可以用一般比較容易買得到的乳酪代替。這樣食材的部分就解決了！這次我用了南瓜，當然可以用其他種類的食材包括地瓜、紅豆泥等等。希望大家可以做出自己獨特風格的提拉米蘇！

🇮🇹 模型

7吋 ×1個
or
長方形模型 ×1個

🇮🇹 材料

乳酪餡

| 吉利丁片 Gelatin sheet __ 6g
| 南瓜泥 Squash paste __ 100g
| 乳酪 Cream cheese __ 250g
| 砂糖 Sugar __ 20g
| 蛋黃 Egg yolk __ 2個
| 蛋白 Egg white __ 2個
| 砂糖 Sugar __ 50g

砂糖餅乾

| 砂糖 Sugar __ 2小匙
| 熱水 Hot water __ 2大匙
| 消化餅乾 Graham crackers __ 12片

可可粉 Coco powder __ 適量

Step

1. 吉利丁片泡水；南瓜削皮切成薄片，放入蒸籠裡蒸到熟，再取出打成碎泥。

⇒ 如果怕太多纖維，可以用篩網過濾或用食物調理機打成泥也OK。
⇒ 也可以用地瓜代替南瓜喔～！

2. 砂糖餅乾　先做[砂糖餅乾]。將砂糖2小匙和熱水混合做糖水；消化餅乾打碎，放入糖水混合好。

⇒ 如果要咖啡風味的話，可以倒入一點Espresso！

PART 3

ITALIAN CUISINE

3. 乳酪餡

接著做［乳酪餡］。放入變軟的乳酪，加入砂糖20g混合好，放入蛋黃、南瓜泥混合攪拌均勻。

⇒ 蛋白先冰起來，等一下要打發喔！

4.

變軟的吉利丁片放入容器中，隔熱水加熱讓它融化，再將融化好的吉利丁放入做法3混合攪拌好。

126

PART 3

ITALIAN
CUISINE

SUGAR
MERINGUE
EGG WHITE ⇨ MERINGUE
CREAM CHEESE MIX

5.

把蛋白打發到出現多泡泡後，放入約1/3的砂糖後，繼續攪拌到出現很細的泡泡，再放入1/3的砂糖混合攪拌到變硬，再把剩下的砂糖全部放入，繼續攪拌到立起來不會掉落的程度，放入做法4裡用刮刀混合攪拌均勻。

⇒ 打發蛋白時，不要一次都放入全部的砂糖，如果全部倒入會變成太黏，不好打發喔！

CREAM CHEESE MIX

CRACKER

6.

把混合好的餅乾一半量，鋪在容器最底部，倒入[乳酪餡]，再鋪入剩下混合好的餅乾，再倒入剩下的乳酪餡，放入冰箱約5～6小時變凝固化後取出，撒上可可粉，就可以吃喔～！

⇒ 擺盤依個人喜愛，直接裝入玻璃容器，等凝固後，用大湯匙挖出來擺盤，撒上可可粉也可以！

127

Potato & Zucchine Spanish Omelet
Prawns with White Wine & Garlic Sauce
Chick Peas & Vegetables Soup
Braised Fish with Clam Sauce
Tomato & Paprika Cold Potage
Sautéed Pork with Roasted Peppers
Chicken Paella
Vegetable Paella with Tomato Sauce
Spanish Style Caramel Pudding
Creamed Sweet Rice Soup

PART 4
西班牙料理

SPANISH CUISINE

西班牙料理

經典馬鈴薯&綠櫛瓜歐姆蛋

Potato & Zucchini Spanish Omelet

份量 4 個

130

提到西班牙料理，大家會想到什麼呢？日本的話，最常聽到的名字應該是『スパニッシュオムレツ』（Spanish Omelette），也就是「西班牙烘蛋」。之前我個人比較習慣做法式的，因為這是剛開始學西洋料理時一定要通過的烹飪技術，將加熱到半熟的蛋液包成半月形。所以大部分的學徒通常在餐廳休息日時，一定會買幾盒雞蛋在家裡一直練習……媽媽看到我這麼認真，她就說：「如果念書也這麼認真的話，就可以考上很好的大學了！」

結果高中畢業後，我馬上跑去法國料理餐廳開始工作……完全不後悔！因為不用再看學校課本，換成看法語食譜書是很開心的！後來不只法國菜，也開始研究其他國家的料理。每個國家都有自己的蛋料理，看到這種西班牙做法，用很多蔬菜一起煎成像鬆餅的樣子滿吸引人的，而且這種歐姆蛋不需要像法式一樣一直要甩鍋讓它成型，只要將蛋液倒入平底鍋加熱，再翻面一次就好了。裡面要放什麼食材都可以，您可以選擇做具有個人自己風格的Original Omelette 喔！

材料 🇪🇸 SPAIN

- 馬鈴薯 Potato ＿ 2個
- 紅蘿蔔 Carrot ＿ 1/4根
- 洋蔥 Onion ＿ 1/4個
- 綠櫛瓜 Zucchini ＿ 1支
- 鹽 & 黑胡椒 Salt & Black pepper ＿ 適量
- 雞蛋 Egg ＿ 3個
- 橄欖油 Olive oil ＿ 適量

Step

1. 馬鈴薯、紅蘿蔔、洋蔥、綠櫛瓜切成薄片。
⇒ 若沒有綠櫛瓜，可以用其他綠色蔬菜代替喔～！

2. 平底鍋開中火，加入一點油，放入洋蔥、紅蘿蔔與馬鈴薯，撒上鹽&黑胡椒，炒到洋蔥透明，馬鈴薯邊稍軟。

3. 把炒好的材料放入容器裡，用木匙把馬鈴薯稍微壓碎。
⇒ 不用壓到很細，只要有一點破開的樣子就好了。

131

PART 4

SPANISH CUISINE

4.

雞蛋打均勻後切入,再放入綠櫛瓜混合好。

5. 平底鍋開小火,塗上橄欖油(E.V.橄欖油/特級冷壓橄欖油),倒入做法4的材料,煎到側面凝固。

6.

好!現在可以翻面了!怎麼翻呢?可以將平底鍋倒扣到塗好橄欖油的鍋蓋上面,再把蛋回到平底鍋上,取出,擺盤就完成了。

⇒ 如果還不習慣翻面的動作,可倒入蛋液後,馬上蓋上鍋蓋,煮到中間有凝固後熄火,再利用餘熱,繼續燜到全熟(約8分鐘)就完成了。

132

西班牙料理

香煎豬排 & 香烤甜椒

Sautéed Pork with Roasted Peppers

份量 2 個

材料

紅&黃甜椒 Red&yellow bell pepper __ 各1/2個
橄欖油 Olive oil __ 1大匙
小番茄 Mini tomato __ 8個
蒜頭 Garlic __ 2～3瓣
豬里脊肉 Pork loin __ 4片
鹽&黑胡椒 Salt & Black pepper __ 適量
月桂葉 Bayleaf __ 2～3葉
白酒 White wine __ 100cc

研究西班牙料理的時候，發現不少料理會用到紅甜椒。（或是因為我喜歡甜椒，所以特別注意到？）甜椒最厲害的部分是可以享受兩種完全不一樣的味道和口感。生吃的時候，有脆脆的口感而且非常Juicy，所以加入沙拉裡做成果汁很適合，也可以和其他食材一起炒，不僅好吃，顏色也很漂亮。似乎大部分的食譜就是這樣吃的，但它還有另外一種超級棒的烹調方式，就是烤到黑焦……一開始可能不太習慣，看它本來漂亮的顏色卻變成黑黑，看起來也不太好吃的樣子，但去掉表皮後，就會出現很漂亮的甜椒！而且它的甜味濃縮後+烤過的香味，真是太吸引人了！而且後面的做法很簡單，和豬肉一起煎到金色，再加入一些蒜頭、白酒，就變成非常可口的一道料理！這次我用豬肉搭配，當然也可以用其他的肉類、牛排、魚排都很適合。重點是用大火，把肉片煎有一點焦的樣子就馬上離鍋，這樣肉和甜椒的焦香味就很有統一感喔！

Step

1.

紅&黃甜椒切成容易吃的大小，烤盤上鋪一大張鋁箔紙，放入紅&黃甜椒，淋上橄欖油（E.V.橄欖油／特級冷壓橄欖油），放入預熱好（上火250°C）的烤箱裡，烤約10～15分鐘。

⇒ 表面要烤到焦，才容易撕下來喔！溫度要高一點，所以烤盤放入離上火遠一點沒有關係喔！

2.

烤到表面焦焦就可以拿出來，利用鋁箔紙再包起來，繼續燜約10分鐘後，打開鋁箔紙，就可以聞到超棒的香味了，這時就可以把紅&黃甜椒的皮撕下來。

⇒ 如果需要的話，可以用紙巾擦乾淨或稍微沖一下水。

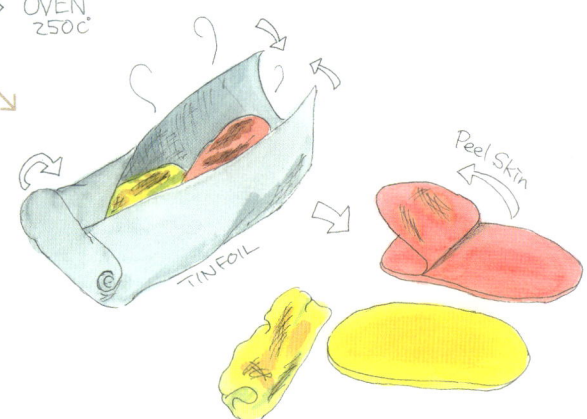

PART 4

SPANISH CUISINE

3. 小番茄切半；蒜頭切片。

MINI TOMATO
GARLIC

4. 用錘子稍微把豬里脊肉打一下，打到肉的組織打碎，撒上鹽&黑胡椒。

PORK LOIN

5. 平底鍋開中火，加入一點橄欖油、蒜頭、月桂葉與豬里脊肉，煎到豬里脊肉表面呈金黃色後翻面，再放入烤好的紅&黃甜椒與小番茄。

⇒ 打好的豬里脊肉片比較容易熟，不用煎太久喔！

BELL PEPPER
BAYLEAF
WHITE WINE

Finsh

6. 倒入白酒，稍微燜一下就完成了！

⇒ 也可以將白酒換成紅酒，就可以享受不同風味的酒香，而且也一樣好吃喔！如果味道想再濃郁一點，最後可以加入一點奶油。（這樣就變成比較法式的吃法了！）

135

西班牙料理

鷹嘴豆&蔬菜清湯

Chick Peas & Vegetables Soup

份量 **4** 個

材料

- 鷹嘴豆 Chickpea __ 200g
- 或罐頭鷹嘴豆 Canned chickpea __ 400g
- 月桂葉 Bayleaf __ 2～3葉
- 蒜頭 Garlic __ 1～2瓣
- 高麗菜 Cabbage __ 4～5葉
- 馬鈴薯 Potato __ 1個
- 紅蘿蔔 Carrot __ 1/4根
- 洋蔥 Onion __ 1/4個
- 培根 Bacon __ 4片
- 水 Water __ 600cc
- 鹽&黑胡椒 Salt & Black pepper __ 適量
- 橄欖油 Olive oil __ 適量

鷹嘴豆到底是什麼呢？好像中式料理也會用到這種食材，像歐美就常出現這種豆。我之前和它不熟，後來住在加拿大打工時，就遇到這種食材。最常看到的料理是Hummus（鷹嘴豆泥）就是把鷹嘴豆加上蒜頭與橄欖油一起打成泥，算是一種醬，通常會塗在餅乾上一起吃。但這次我要利用它來做一道比較清爽的湯品，會用到許多種蔬菜一起煮。

買到這種豆子需先處理好，也可以冷藏保存，因為它應用的方式很多，不只可以煮湯，也可以放入義大利麵或做成漢堡肉餡。一開始煮湯時，有一點怕味道太淡或太單調，結果煮出來味道還滿豐富的，加入月桂葉一起煮的豆子非常香。如果買不到鷹嘴豆也沒關係，可以用其他的豆類代替，黃豆也很適合，也可以使用多種豆類一起煮。這次是設計成清湯，但口味的部分可以調整，如加入番茄做成茄汁口味也不錯哦！

Step

1.

鷹嘴豆洗好，放入已經裝水的鍋子裡，再放入月桂葉與切成薄片的蒜頭。

⇒ 豆類可以選擇自己喜歡的，如：黃豆、綠豆也OK～！

2.

開中火煮到滾，再轉小火煮到軟，然後倒入保鮮盒裡，放至冷卻，再撈出需要的份量，剩下的可以做別的料理。

⇒ 這樣就可以用在不同的料理中，不只可以做湯，也可以和橄欖油（E.V.橄欖油／特級冷壓橄欖油）、鹽&黑胡椒打成泥，直接塗在麵包上也很好吃喔！

PART 4

SPANISH CUISINE

3. 把高麗菜、馬鈴薯、紅蘿蔔、洋蔥、蒜頭、培根都切成小塊。

⇒ 可以選自己喜歡的蔬菜！

4. 鍋子先放入水，再放入所有蔬菜（馬鈴薯除外）、月桂葉、鹽&黑胡椒，煮到滾後，轉小火，繼續煮到紅蘿蔔熟。

5. 再放入馬鈴薯、鷹嘴豆，繼續煮到馬鈴薯熟，然後調整味道。

Step

6. 擺盤後，淋上橄欖油（E.V.橄欖油／特級冷壓橄欖油）就完成了。

西班牙料理

Braised Fish with Clam Sauce

毛豆白酒燉煮蛤蜊白身魚

份量 2 個

材料

- 蛤蜊 Clams __ 300g
- 鹽 Salt __ 適量
- 蒜頭 Garlic __ 1〜2瓣
- 毛豆 Edamame __ 50g
- 鱈魚 Black cod __ 2片
- 鹽&黑胡椒 Salt & Black pepper __ 適量
- 橄欖油 Olive oil __ 2大匙
- 培根 __ 適量
- 低筋麵粉 Cake flour __ 適量
- 白酒 White wine __ 20cc
- 水 Water __ 150cc
- 巴西里 Parsley __ 少許

這是一道很特別的料理，之前從來沒有想過，可以像這道西班牙料理的組合&方式設計。如果要做魚排的話，不太會搭配其他海鮮類，除非是做成一道綜合海鮮湯或沙拉類。但是這樣利用蛤蜊做出來的湯汁，可以做成味道很豐富的醬汁。而且還可以吃到魚排與蛤蜊的肉，感覺很划算呢！

煮醬汁的部分也很特別，通常我很少用麵粉類來增加湯品的稠度。大部分都是利用蔬菜泥或將食材本身煮到濃縮。而且麵粉做的醬大部分都是白醬系列，會用到牛奶或鮮奶油。但這次是利用白酒和水做成有稠度的醬，怕味道太淡，而粉味太重。一開始不太習慣這種方式，蛤蜊滲出來的湯汁一起熬煮。沒想到利用蛤蜊滲出來的湯汁，卻變成超級好吃的海鮮醬！所以這道料理，把我對料理的既有觀念都打破了！原來全世界有還有這麼多的美味料理，只要把腦袋打開，就可以吸收全世界的美食喔！

Step

1. 蛤蜊放入鹽水裡，放置一個晚上讓它吐砂，吐砂好後，沖水，把殼表面洗好。

2. 蒜頭切薄片；毛豆煮熟剝開，取出豆子。

3. 鱈魚切成容易吃的大小，撒上鹽&黑胡椒。

⇒ 可以用自己習慣的魚喔！這道料理比較適合味道淡一點的魚，如：鯛魚、鮭魚都很適合！

4.

準備白酒濃稠醬。鍋子倒入橄欖油（E.V.橄欖油／特級冷壓橄欖油）、蒜頭與培根，開中火，煮到香味出來，放入低筋麵粉混合攪拌好，再倒入白酒、水，用打蛋器拌一拌，繼續煮到凝固後，熄火。

5. 平底鍋開中火，加入一點油，放入鱈魚片，把兩面煎到表面呈金黃色。

finish

6.

放入蛤蜊、毛豆、白酒濃稠醬，蓋上鍋蓋，繼續煮到蛤蜊全部打開，熄火，撒上巴西里就完成了。

⇒ 這道口味非常適合做成義大利麵，雖然這道是西班牙料理，也可以改做成義大利料理！。(≥▽≤)。

西班牙料理

清爽番茄&烤甜椒冷湯
Tomato & Paprika Cold Potage

份量 2 個

材料

- 紅&黃甜椒 Red&yellow bell pepper __ 1/2個
- 橄欖油 Olive oil __ 1大匙
- 番茄 Tomatoes __ 3個
- 小黃瓜 Cucumber __ 1根
- 麵包 Bread __ 50g
- 蒜頭 Garlic __ 1瓣
- 鹽&黑胡椒 Salt & Black pepper __ 適量
- 白酒醋 White-wine Vinegar __ 1/2大匙
- 水 Water __ 50cc
- 奶油 Butter __ 適量
- 紅椒粉 Paprika __ 少許
- 麵包 Bread __ 適量

每次教學的時候，如果有做這道料理，我一定要和學生解釋很久。因為很多人不習慣喝冷的湯品，為了要讓大家知道，冷湯也很美味，通常我要花很多時間。所以這次介紹的就是西班牙料理中，一道非常適合夏天享用的有名湯品。

通常上課示範給學生看時，一開始大家都會懷疑到底好不好喝……因為看到番茄、小黃瓜、紅甜椒丟在容器裡攪拌，感覺怪怪的……不過這種刻板印象，通常只要吃過一次就會馬上改觀，而且可以接受了！加上這道料理用到很多蔬菜，還有麵包，就營養面而言也很均衡，有的學生還會續杯呢！如果夏天早上沒有食慾，這道滿適合喝的。只要前一個晚上把材料放在容器裡，早上用果汁機直接打一下就可以享受了！裝在鋪冰塊的容器中，也滿有氣氛的，當然味道也可以調整。加入咖哩粉或Tabasco也很不錯，可以增加辣的口感，冬天的話，加熱也OK喔！

Step

1.
紅&黃甜椒切成容易吃的大小，烤盤上鋪一大張鋁箔紙，放入紅&黃甜椒，淋上橄欖油（E.V.橄欖油／特級冷壓橄欖油），放入預熱好的（上火250℃）烤箱裡，烤約10～15分鐘。

⇒ 表面要烤到焦，才容易撕下來喔！要溫度高一點，所以烤盤放入離上火一點沒有關係喔！

2.
烤到表面焦焦，就可以拿出來，利用鋁箔紙再包起來，繼續燜約10分鐘後，再打開鋁箔紙，就可以聞到超棒的香味了，這時就可以把紅&黃甜椒的皮撕下來。

⇒ 如果需要的話，可以用紙巾擦乾淨或稍微沖一下水。

PART 4

SPANISH CUISINE

TOMATO
CUCUMER
GARLIC
BREAD
"ROASTED RED BELL PEPPER"

3.

番茄、小黃瓜切塊；放至冷卻的紅&黃甜椒切塊；麵包切小塊；蒜頭切薄片。

⇒ 基本上蒜頭可以生食，如果怕蒜味太重，不加也沒關係。
⇒ 可以留一點紅甜椒、小黃瓜切丁，做成裝飾喔！

WATER
WHITE WINE

4.

加入鹽&黑胡椒攪拌一下，倒入白酒醋、水，放入冰箱冰約30分鐘。

⇒ 如果可以的話，請冰一個晚上，這樣子蔬菜的水分就會全部出來，也比較好做。

PART 4

SPANISH CUISINE

5.

把做法4倒入果汁機裡，打成泥，倒出來前先試試味道，如果需要的話，可以再加入其他調味料。

⇒ 味道可以自己調整，也可以加入Tabasco醬、咖哩粉，做出Spicy的湯也不錯！

BLENDER

BREAD

ROASTED BELL PEPPER

BUTTER

6.

紅甜椒、小黃瓜切末當裝飾用；麵包切丁；平底鍋放入奶油，再放入麵包，炒到金黃色當裝飾用。最後取出做法5，擺上紅甜椒、小黃瓜，撒上紅椒粉就完成了。

Finish

145

西班牙料理

西班牙風味白酒蒜味蝦

Prawns with White Wine & Garlic Sauce

份量 **2** 個

材料

- 蝦子 Prawns＿＿10～12隻
- 蒜頭 Garlic＿＿2～3瓣
- 辣椒 Chili pepper＿＿1～2根
- 橄欖油 Olive oil＿＿3大匙
- 白酒 White wine＿＿50cc
- 巴西里 Parsley＿＿少許
- 法國麵包 French bread＿＿適量
- 橄欖油 Olive oil＿＿適量
- 鹽 & 黑胡椒 Salt & Black pepper＿＿適量

第一次到一家餐廳看到這道料理時，我以為這個廚師很愛用油，看到很多油蝦子都泡在裡面，感覺很油膩。通常料理蝦子、蒜頭的話，我比較習慣用奶油一起炒，但這道會用到很多橄欖油。一開始用不太習慣，但吃了之後，覺得味道很不錯。蒜頭和蝦子的風味很香。雖然看起來很油，但因為用了很好的橄欖油，吃起來一點都不膩，而且還可以用麵包沾這種油一起吃呢！當然熱量不低，偶爾吃一樣多。但也不需要一直介意吃什麼嘛！而且應用方式很多。這種重口味的料理也沒關係的！不一定只能用蝦子。加入中卷、干貝做成綜合海鮮或加入蘑菇、花椰菜做成蔬菜的口味也不錯。重點是蒜末加熱的時候要特別小心！加熱過久，苦味會馬上跑出來！要慢慢加熱，稍微提早一點熄火，利用餘熱等到香噴噴的樣子會比較好控制喔！

Step

1.

蝦子頭部切掉，殼去掉，背部切開，把腸泥拉出來。

⇒ 頭部不要丟掉喔！

PRAWN SHELL VEIN

2.

蒜頭切末；辣椒切薄片。

GARLIC CHILI PEPPER

147

PART 4
SPANISH CUISINE

3.
平底鍋倒入橄欖油（E.V.橄欖油／特級冷壓橄欖油），再放入蒜頭與辣椒，開中小火，等蒜頭香味出來後，再放入蝦頭。

⇒ 蒜頭碰到很高溫的油後，很容易焦掉，所以先倒入橄欖油、蒜頭，再放入辣椒開火炒，讓油溫慢慢升高，這樣蒜頭比較不會焦掉喔～！

4.
熄火，取出蝦頭，放入篩網，壓擠出蝦頭汁。

148

PART 4

SPANISH CUISINE

PRAWN JUICE　THYME　PRAWN　WHITE WINE

5.

鍋子開中火，放入蝦子，炒到表面變色後，倒入白酒、蝦頭汁與巴西里。

⇒ 要注意看蒜頭有無變焦色，只要看到炒到金黃色，就不要再炒了，這時就可以倒入白酒，繼續燜到蝦子熟就好了。

BREAD　OLIVE OIL

Finish

6.

這道一定要配法國麵包！法國麵包切成容易吃的大小、形狀，放入已倒入橄欖油（E.V.橄欖油／特級冷壓橄欖油）的平底鍋裡，煎到表面呈金黃色，再撒入鹽&黑胡椒就完成了

⇒ 如果怕太油膩，可以擠上一點檸檬汁喔！

149

西班牙料理

雞腿肉西班牙燉飯 Paella

Chicken Paella

份量 **2** 個

材料

- 番紅花 Saffron __ 1撮
- 水 Water __ 180cc
- 洋蔥 Onion __ 1/4個
- 鴻禧菇 Shimeji mushrooms __ 1包
- 雞腿肉 Chicken thigh __ 2支
- 奶油 Butter __ 5g
- 米 Rice __ 150g
- 橄欖油 Olive oil __ 適量
- 鹽&黑胡椒 Salt&Black pepper __ 適量
- 甜椒粉 Paprika __ 1/2大匙
- 義大利巴西里（裝飾）Italian parsley __ 少許

Paella和西班牙歐姆蛋一樣都是非常有名的料理。它是黃色的飯裝在很淺的鍋子裡一起煮。這種黃色是從很特別的材料出來的，叫番紅花。其實我很早就認識這種食材，因為在法國料理中偶爾也會用到。高中時，我就開始看法國料理食譜。第一次看到這種食材時，很有興趣，也一直很想買，但實在很貴，小小的一瓶價格不菲，像我這麼窮的學生，當然要打工努力賺錢才有機會買。後來終於買到了一瓶，非常開心，但問題是份量不多，不能亂用。一直努力地研究食譜書，終於下定決心用它來做料理！

記得第一次做的好像燉飯類的料理，結果效果很棒，出來的顏色，是從沒看過的樣子（應該用太多了……）非常喜歡…第二次又花了薪水，買了好幾瓶，然後一直把它加入料理中。有一次還做了「番紅花套餐」，有前菜、湯、主菜與主食，都用番紅花，真的很誇張，大概是我那時太年輕了！現在年紀有了，自己也經營過餐廳，廚師不只是設計美味的食譜而已，也要考慮到成本，所以反而現在變得比較保守f(^_^;) 不過，在家裡煮菜偶爾也可以用這些貴重的食材，因為和家人、朋友一起吃的話，要開心的吃，當然可以大方一點，用最好的食材來做料理喔！

Step

1.
先處理番紅花，稍微炒一下香味比較容易出來～！平底鍋放入番紅花炒一下，再放入水裡，讓顏色跑出來，約15～20分鐘。

2.
洋蔥切丁；鴻禧菇剝小塊；雞腿肉如果有厚的部位，可以切開，調整厚度，然後撒上鹽&黑胡椒。

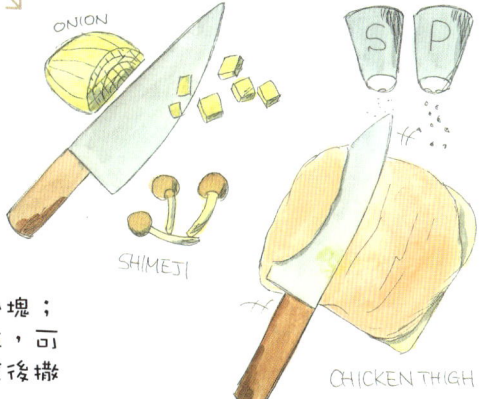

PART 4

SPANISH CUISINE

3.

平底鍋開中火,加入一點奶油,雞腿肉皮面朝下,煎到表面呈金黃色就可以拿出來。

⇒ 雞腿肉等一下會和米一起煮,所以不用煎到全熟喔!

ONION SHIMEJI

4.

利用剛才煎好雞腿肉皮溢出來的油分,來炒洋蔥和鴻禧菇!

152

PART 4

SPANISH CUISINE

RICE　OLIVE OIL

5. 放入洗好瀝乾的米、橄欖油（E.V.橄欖油／特級冷壓橄欖油）、鹽&黑胡椒拌炒，炒到每一粒米都有沾到橄欖油。

⇒ 米表面沾入油的話，煮時才不會黏黏的。

SAFFRON WATER

6. 番紅花水（連番紅花）倒入鍋子裡，放上煎好的雞腿肉，煮滾後，轉小火，蓋上鍋蓋，繼續煮約8分鐘，熄火，繼續燜約10分鐘，然後將雞腿肉切成容易吃的大小，和燉飯一起擺盤，撒上甜椒粉，再擺上義大利巴西里就完成了。

⇒ 熄火後，千萬不要打開鍋蓋！（＞＜）// 鍋內要保持高溫水蒸汽，利用餘熱繼續加熱喔！

Finish

153

西班牙料理

茄汁彩色蔬菜燉飯

Vegetable Paella with Tomato Sauce

份量 **2** 個

材料

A.
- 洋蔥 Onion ___ 1/4個
- 紅蔥頭 Shallots ___ 2瓣
- 芹菜 Celery ___ 1支
- 紅蘿蔔 Carrot ___ 20g
- 蒜頭 Garlic ___ 1～2瓣

B.
- 綠櫛瓜 Zucchine ___ 1/2支
- 紅&黃甜椒 Red&yellow bell pepper ___ 各1/2個
- 茄子 Eggplant ___ 1/2根

- 小番茄 Mini tomato ___ 180g
- 水 Water ___ 50cc
- 橄欖油 Olive oil ___ 適量
- 米 Rice ___ 150g
- 鹽&黑胡椒 Salt&Black pepper ___ 適量
- 百里香 Thyme ___ 2把
- 辣椒粉 Chili powder ___ 適量

西班牙燉飯一定要用番紅花嗎？當然不用！我最怕讀者每次看到食譜上的材料表，發現有很多難買的東西就放棄做了。這道是之前分享傳統的Paella食譜後設計的。因為很多人留言說：「可不可以不要加番紅花？」當然可以！我覺得也可以用茄汁醬來煮。煮出來的飯不只顏色漂亮，風味也很好！因為大部分的燉飯會用到肉類或海鮮，所以我這次決定做蔬菜燉飯。

只有蔬菜會不會味道很單純？完全不會。先準備許多具有香味的蔬菜切成末，慢慢地炒，把每種蔬菜本身的香味拉出來。接著再把各種不同的味道、口感、顏色的蔬菜加入，因為我想要更濃烈的茄汁味，所以決定用小番茄。不要小看這些小番茄，他們的味道比大番茄更濃，也很適合用在加熱的料理中。把材料全部加入後，蓋上鍋蓋燜煮，只要等幾分鐘就可以聞到超棒的風味！其實這種茄汁系列的口味不怕冷食，直接吃非常美味，也可以捏成飯糰裝在便當盒也好吃喔～！\(^o^)/

Step

1. 我畫了兩種不同切法的蔬菜。圖案A材料全部都要切末；圖案B材料切成容易吃的大小。

2. 小番茄、水放入果汁機裡打成泥。
   ⇒ 我覺得小番茄的味道比牛番茄的味道更濃縮，很適合加熱。

PART 4

SPANISH CUISINE

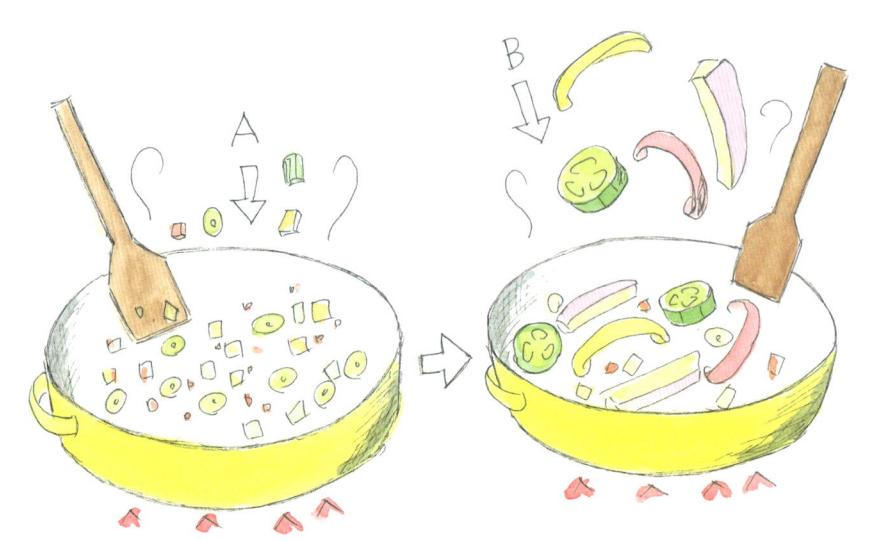

3. 平底鍋開中火，加入橄欖油，放入A材料炒到香味出來，再放入B材料，炒到稍微軟就好了（這次不用炒很久）。

⇒ A材料炒好的東西叫 Soffritto（義大利語），它有蔬菜的濃縮味，可以用在很多料理中，如：義大利麵醬汁、湯等等，也可以一次做多一點（不加入B材料）放入冰箱冷凍，要用時再取出來很方便喔！

4.

放入洗好並瀝乾的米、橄欖油（E.V.橄欖油／特級冷壓橄欖油）、鹽&黑胡椒拌炒，炒到每一粒米都沾到橄欖油。

⇒ 米表面沾入油的話，煮時才不會黏黏的。

156

PART 4

SPANISH CUISINE

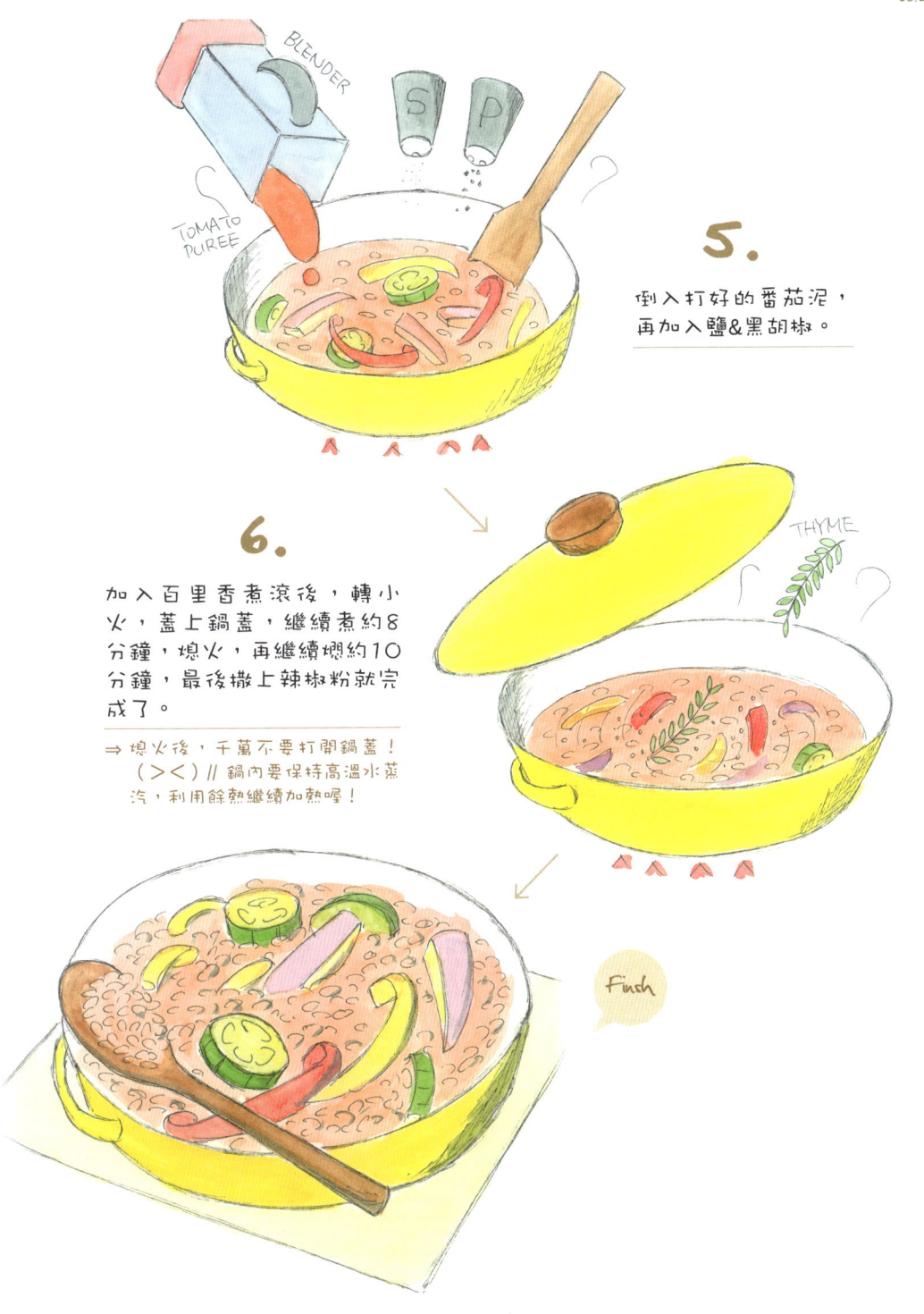

5.

倒入打好的番茄泥，再加入鹽&黑胡椒。

6.

加入百里香煮滾後，轉小火，蓋上鍋蓋，繼續煮約8分鐘，熄火，再繼續燜約10分鐘，最後撒上辣椒粉就完成了。

⇒ 熄火後，千萬不要打開鍋蓋！（＞＜）// 鍋內要保持高溫水蒸汽，利用餘熱繼續加熱喔！

Finsh

157

西班牙料理

西班牙風肉桂焦糖布丁

Spanish Style Caramel Pudding

份量 4個

材料

- 牛奶 Milk __ 300cc
- 玉米粉 Corn starch __ 10g
- 檸檬皮 Lemon peel __ 2～3片
- 柳丁皮 Orange peel __ 2～3片
- 鮮奶油 Whipping cream __ 150cc
- 肉桂棒 Cinnamon stick __ 1支
- 蛋黃 Egg yolk __ 2個
- 砂糖 Sugar __ 50g

欸？這道料理是不是和法國的甜點Creme Brulee一樣？我調查了一些資料，發現歐洲國家那邊的甜點其實很多都很類似，也沒有說是哪個國家先發明的。簡單地說，法國是利用蛋黃在烤箱裡加熱凝固做的。但這道西班牙的方式，則先做卡士達醬，再放在冰箱凝固。但有人會說不一定喔！我並不是要做每個國家的傳統料理，反正好好地做，開心地吃就好了嘛！

這次做的方式是先做卡士達醬再冰起來，好處是少用到一種廚具，也不用設定烤箱，直接冰起來就完成了！當然我沒有要做很單純無聊的口味，因為用到這種材料的甜點奶味比較重，而且用卡士達醬的方式凝固的話，吃的時候黏在舌頭上，很容易吃膩。怎麼辦呢？沒問題，只要再放一些柑橘類的風味，味道就會變得很清爽，而且吃起來不會膩！加上上面鋪的微苦脆脆焦糖一起吃，不但只吃一碗，還可以再吃第二碗喔～！（真的……）如果不喜歡用烤箱的讀者，可以輕鬆地做這道料理喔！

---

1. 鍋裡倒入牛奶、玉米粉、檸檬皮、柳丁皮、鮮奶油與肉桂棒，開小火煮到滾。

⇒ 加入柑橘系的皮，可以享受清爽的風味！

2. 蛋黃、砂糖混合攪拌到變成淡黃色，再放入玉米粉攪拌混合好。

3. 牛奶煮到鍋子邊緣看到出現一點點的泡泡就可以熄火了，用篩網過濾倒入做法2裡，混合攪拌均勻。

PART 4

SPANISH
CUISINE

CUSTARD SAUCE

4. 把做法3倒回去鍋子裡，
開中火，煮到濃稠。

⇒ 鍋子裡有澱粉，要注意鍋底不要煮焦了喔～！

5. 熄火冷卻後，裝入耐熱的容器裡，放入冰箱冰到凝固。

→ FRIDGE

SUGAR　BLOWTORCH

Finish

6. 凝固好取出，表面撒上砂糖，再用噴槍在表面噴成焦糖化就可以開動了～！

⇒ 如果沒有噴槍，可以用加熱的湯匙，把湯匙直接在瓦斯爐上加熱後，放在砂糖表面烤焦也可以。

160

西班牙料理

西班牙檸檬風味白米露

Creamed Sweet Rice Soup

份量 2 個

材料

- 米 Rice __ 30g
- 水 Water __ 50cc
- 牛奶 Milk __ 450cc
- 香草莢 Vanilla stick __ 1支
- 砂糖 Sugar __ 25g
- 肉桂粉 Cinnamon powder __ 少許
- 檸檬皮 Lemon peel __ 1～2片

一直在考慮到底要不要介紹這道甜點。用加糖的牛奶煮成米再做成甜點，後來想一想，好像亞洲也有類似的甜點。對！西米露！我來台灣後遇到的美味甜點。第一次看到它很不吸引人，黑黑黏黏的液體，裡面一粒一粒的，感覺像粥的樣子，怎麼會是甜點？但吃了一口，馬上就喜歡上了！所以這次做的也是和它很像的米點心，但味道沒那麼重。把香草風味的牛奶和米一起煮，步驟很簡單，說實話，畫畫的時候有一點難設計，如何分成六步驟……結果畫了很多鍋子了。f(>_<) 但是，不要小看這款超級簡單的甜點！本來我想做少一點，煮一煮裝碗，再拍照後吃完就算了。沒想到，太好吃了！所以就重複做很多次，份量很多，放入冰箱冷藏保存，然後分好幾天吃呢！因為味道不會很重，算是原味，直接吃或上面撒喜歡的東西都可以。但照片上是我最喜歡的組合，即撒上肉桂粉&檸檬皮。當然您也可以撒不一樣的東西，如可可粉、抹茶粉，或者放一些水果也OK！米的部分也可以換成玄米，這樣就可以享受低油&健康的甜點囉！

Step

1.
小鍋子放入米、水，開小火，煮到米軟。

⇒ 水分不一定要30cc，要依煮米時水分蒸發的狀況調整，如果米煮後還是硬硬的，就是水分不夠多，還要補水喔～！

2.
另取一鍋，倒入牛奶、香草莢，開小火，煮到香草的風味出來。

3.
等米軟後，再倒入做法2的鍋子裡。

PART 4

SPANISH CUISINE

4. 放入砂糖。
⇒ 可以用二砂糖或紅糖喔！

5. 煮到表面出現牛奶皮時，就可以撈出來，或繼續煮到您喜歡的稠度也OK。
⇒ 煮到有一點稠度時就熄火，或煮到像粥的樣子也OK，依個人喜好調整喔！

6. 擺盤，撒上肉桂粉、檸檬皮，味道會變得很香、很清爽喔～！
⇒ 溫溫時吃或冰冰時吃，都很適合。

163

✈ ─────────────

Seafood Green Bean Noodles Salad
Spicy Prawn Soup with Ume boshi
Thai Style Shrimp Croquette
Stir Fry Chicken & Cashew Nuts
Pork & Green Bean Noodles Soup
Beef Coconuts Flavor Curry
Spicy Meat Sauce Lunch Plate
Prawn & Egg Stir Fried Rice
Three Color Dumplings Soup
Sweet Potato Dumpling Doughnuts

PART 5
泰國料理
THAI CUISINE

泰國料理

冬粉蝦子&中卷辣味沙拉

Seafood Green Bean Noodles Salad

份量 2 個

166

材料

- 冬粉 Green bean noodles __ 20g
- 蝦子 Prawns __ 8隻
- 香菇 Shitake __ 3朵
- 紫洋蔥 Red onion __ 1/8個
- 牛番茄 Tomato __ 1個
- 青蔥 Green onion __ 1根
- 香菜（莖）Cilantro (stalks) __ 2把
- 香菜（葉）Cilantro (leaves) __ 2把
- 中卷 Squid __ 1隻
- 豬絞肉 Ground pork __ 50g
- 辣椒 Chili pepper __ 1個
- 鹽 Salt __ 適量
- 砂糖 Sugar __ 1大匙
- 魚露 Fish sauce __ 1.5大匙
- 檸檬汁 Lemon juice __ 1大匙

住在日本時，我是個連台灣和泰國都分不出來的笨笨年輕人，由於沒吃過泰國料理，所以對這種料理不了解。搬到加拿大之後，開始認識很多不同國家的人，也才慢慢理解亞洲的文化。在加拿大，有很多國家的新移民，其中包括泰國人，而且還有不少知名的廚師來這裡開餐廳。有一天去了一家店，朋友點了幾樣菜，本來不太吃辣的我也非常喜歡，因為味道非常棒！

之前一直以為泰國料理都是咖哩或椰奶的口味，但其實我誤會了，因為泰國料理種類很多。這裡將介紹其中一種，即是很多人愛吃的泰國沙拉，我稍微調整了一下做法，雖沒有那麼傳統口味，但比較簡單又很容易上手，利用冬粉&蝦子做出來的非常清爽的一道料理。不需特地飛到泰國，自己在家裡就可以輕鬆享受喔！

Step

1. 冬粉泡水約5分鐘，等變軟後拿出來，切成容易吃的長度。

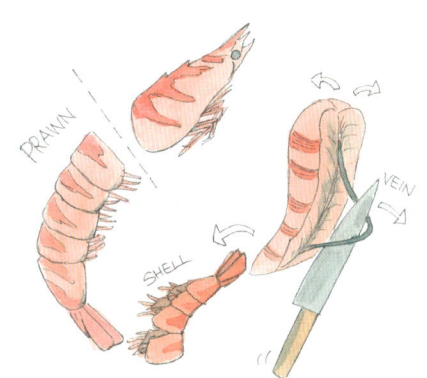

2. 蝦子頭部切掉，去掉殼，切開背部，把腸泥拉出來。

3. 香菇、紫洋蔥切成薄片；牛番茄切成小塊；青蔥切丁；香菜的莖和葉子分開，莖切丁；中卷去皮後和內臟切成容易吃的大小。

167

PART 5
THAI CUISINE

4. 平底鍋開中火，加入一點油，放入豬絞肉、香菇、辣椒、香菜的莖，炒到絞肉熟後熄火。

5. 準備另一鍋滾水，放入冬粉煮到熟（變成透明）後撈出來，放入海鮮類汆燙一下。

⇒ 煮好的冬粉如果放太久，會黏在一起變得稠稠的，口感不好，所以請盡快做下一個步驟喔～！

6. 大碗中放入做法4和做法5的冬粉和海鮮，再加入紫洋蔥、番茄、香菜（葉），並撒上鹽、砂糖調味，再加入魚露、檸檬汁就完成了。

⇒ 味道可以依個人喜好調整，可以邊試吃邊調味喔～！

Finish

泰國料理

泰式梅子風味酸辣湯

Spicy Prawn Soup with Umeboshi

份量 2 個

169

材料

- 蝦子（大）Prawns (L) __ 4隻
- 梅子 Ume boshi __ 2粒
  - 也可以用香茅 Lemongrass __ 1支
- 香菜（莖）Cilantro (stalks) __ 1把
- 薑 Ginger __ 10g
- 鴻禧菇 Shimeji mushrooms __ 100g
- 水 Water __ 500cc
- 小番茄 Mini tomato __ 4個

調味料

- 魚露 Fish sauce __ 1大匙
- 醬油 Soy sauce __ 1/2大匙
- 砂糖 Sugar __ 1/2小匙
- 檸檬汁 Lemon juice __ 2大匙
- 鹽 Salt __ 適量
- 香菜（葉）Cilantro (leaves) __ 1把

我本來不敢介紹這道料理，因為它是全世界知名的美食湯品TOP5之一！看過很多食譜介紹這道料理時，裡面都用了很多特別的香料。但像我這個住在國外的日本人要如何做這道湯品呢？而且還要特地去找這些食材，實在不太方便。本來差一點放棄將這道料理放入這本書了，後來突然想到一種我家常備的食材。對！我家有梅子！（對不起，各位讀者的常備食材和我家常備的應該不一樣……）因為梅子&味噌這些是可以放很久的Soul Food！）這種湯裡有酸味&辣味。酸味的部分本來是用檸檬草，但若換成梅子看看味道怎麼樣，其實進去廚房時，我的心情有一點Blue……也有一點後悔，萬一效果不好，就要重新設計一款不同的料理了。通常我都會自訂攝影行程，但要是為了一款湯，Delay 我的攝影Schedule，就有點麻煩……。

沒想到，結果……OMG！太好喝了～！味道完全不會奇怪，和平常喝的泰式湯品非常像！想到梅子可以這樣應用實在太好了？真想和日本製作梅子的工廠老闆介紹這道食譜呢。（=ˇ>ˇ=）當然您可以用傳統的檸檬草，因為後來發現台灣還滿容易買得到。就看您的需求了，總之不要Feeling Blue的樣子煮菜，開心料理最重要喔！

Step

1. 蝦頭切掉，留帶殼的尾巴，用刀子直接從背部切開，把腸泥拿掉。

⇒ 頭部要熬湯，所以要留著喔！

2. 梅子的籽拿出，打成泥。

⇒ 梅子？泰國料理？（?_?"）？沒錯！我要做有一點日的風格，所以用梅子代替檸檬草！

3. 香菜（莖）切丁；薑切成薄片；鴻禧菇根切掉，剝小塊。

⇒ 菇類可以用自己習慣的種類喔。

PART 5

THAI CUISINE

4.

鍋子裡裝水煮滾，加入蝦頭、薑片、鴻禧菇與香菜（莖）。

5.

熬到水出現泡泡後，用篩網撈出來，再放入蝦子尾巴與小番茄。

⇒ 加入蝦子、小番茄後，不要煮太久，不然蝦子會煮到太硬，而且番茄的皮也會掉下來。

6.

加入所有的調味料、梅子泥，再煮到蝦子熟就可以熄火了，擺上香菜（葉）就完成了。

⇒ 味道可以依個人喜好調整喔！

泰國料理

泰式蝦子&絞肉可樂餅

Thai Style Shrimp Croquette

份量 2 個

在日本也有類似的料理，叫做『海老しんじょう』（Ebi shinzyou）。是用蝦泥成型加熱製成的。做這道料理的時候，突然想起好像很久之前，曾經在網路上介紹過類似的食譜。但是這道不只用蝦子，也加入了豬絞肉，加上馬鈴薯泥，口感很鬆軟，加熱後也不會變硬，好搭配辣椒醬一起沾著吃，非常美味。也可以將炸好的蝦餅，夾入很軟的麵包內，再放上蔬菜，淋上美乃滋，這樣就可以變成漢堡了，哇！本來的泰國料理馬上變成美國料理了！

沾醬的部分不一定要用這裡介紹的辣椒醬，也可以用炸豬排醬或美乃滋和番茄醬混合的。因為這道料理不只適合大人吃，小朋友也一定會喜歡的～！如果不喜歡沾麵包粉用油炸的方式，可以用煎的或蒸的方式，先蒸到熟，冷卻後冷凍起來也OK。冬天的話，也可以當成火鍋料耶～！總之，這款夾餡的應用方式很多，大家可以一起慢慢研究喔！

材料

蝦仁 Prawns __ 200g
豬絞肉 Ground pork __ 40g
鹽 Salt __ 少許
馬鈴薯 Potato __ 1/2個
香菜 Cilantro __ 1/2把
蠔油 Oyster sauce __ 1/2小匙
砂糖 Sugar __ 1/2小匙
胡麻油 Sesame oil __ 2小匙
玉米粉 Corn starch __ 1/2小匙
麵包粉 Bread crumbs __ 1碗

蝦可樂餅沾醬

白醋 White vinegar __ 25cc
砂糖 Sugar __ 15g
鹽 Salt __ 少許
紅甜椒 Red pepper __ 1/4個
辣椒 Chili pepper __ 1個
蒜頭泥 Garlic paste __ 少許

Step

1. 把蝦仁打成泥。

2. 裝在碗裡的蝦泥加入豬絞肉與鹽，攪拌到黏度出來。

⇒ 先加入鹽再攪拌，可以讓口感更綿密！

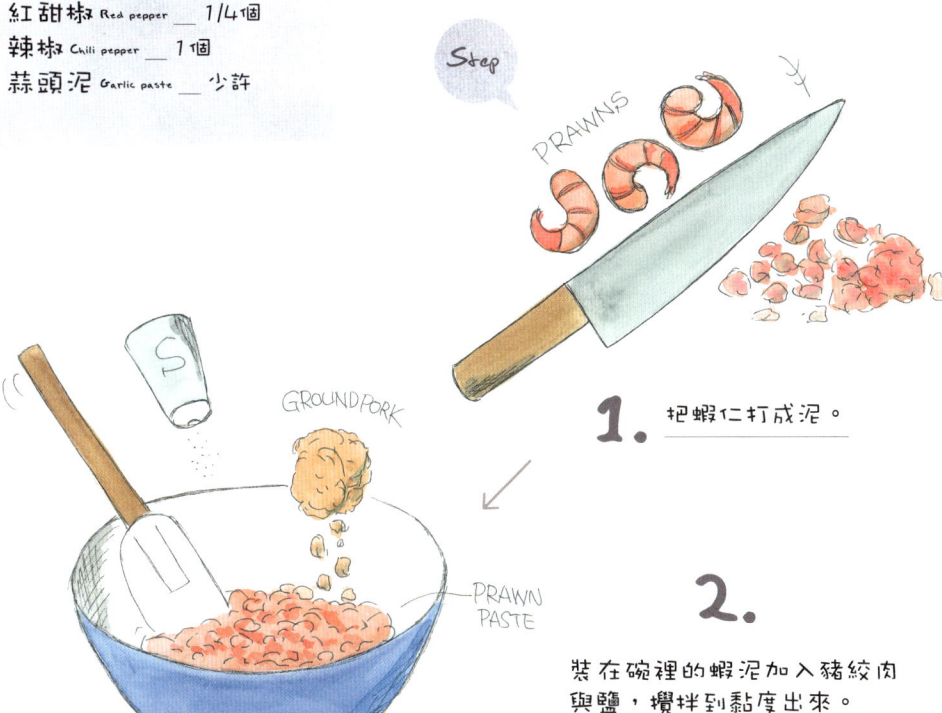

PART 5

THAI CUISINE

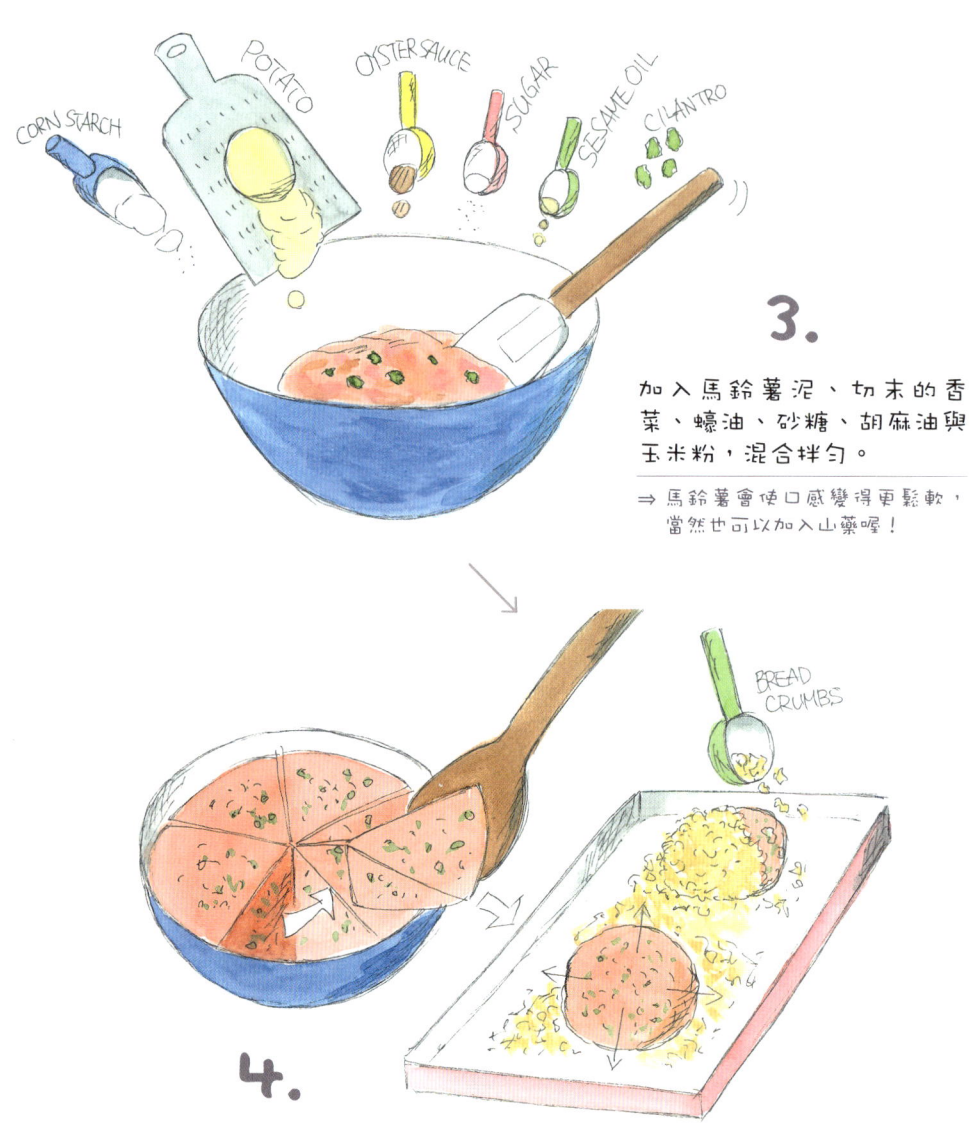

3.

加入馬鈴薯泥、切末的香菜、蠔油、砂糖、胡麻油與玉米粉,混合拌勻。

⇒ 馬鈴薯會使口感變得更鬆軟,當然也可以加入山藥喔!

4.

開始捏之前,先均勻地分成6〜8個(數量&大小依個人喜好決定),捏成扁圓形後,沾上麵包粉,表面再稍微壓一下,確認麵包粉都有黏住。

PART 5

THAI CUISINE

5.

放入預熱好約170°C的油鍋裡，炸到金黃色就可以拿出來，放在鐵架上，讓多餘的油分滴下後，擺盤。

SUGAR
GARLIC PASTE
VINEGAR
RED BELL PEPPER
RED CHILI PEPPER

6. 蝦可樂餅沾醬

OH！沾醬的部分也要介紹一下。ヽ(￣д￣;)ノ 將[蝦可樂餅沾醬]的所有材料放入果汁機裡打一下就好了～！

⇒ 簡單的話，就搭配炸豬排醬。如果要給小朋友吃的話，可以用美乃滋和番茄醬一起混合好，非常好吃。

Finsh

175

泰國料理

辣味龍田揚雞腿

Stir Fry Chicken & Cashew Nuts

份量 2 個

材料

- 雞腿肉 Chicken thigh ___ 1 支
- 清酒 Sake ___ 1/4 小匙
- 味醂 Mirin ___ 1/4 小匙
- 醬油 Soy sauce ___ 1/4 小匙
- 薑泥 Ginger paste ___ 1/4 小匙
- 紅&黃甜椒 Red&yellow bell pepper ___ 各1/2個
- 洋蔥 Onion ___ 1/4 個
- 蒜頭 Garlic ___ 1~2 瓣
- 青蔥 Green onion ___ 1 支
- 太白粉 Potato starch ___ 適量
- 腰果 Cashew nuts ___ 20g
- 乾燥辣椒 Dried chili peppers ___ 2 根

調味料

- 味噌 Miso ___ 1/2 大匙
- 醬油 Soy sauce ___ 1 小匙
- 清酒 Sake ___ 1 小匙
- 砂糖 Sugar ___ 1 小匙
- 辣油 Chili oil ___ 1 小匙
- 水 Water ___ 3 大匙
- 太白粉 Potato starch ___ 1/2 小匙

這道有一點像中式料理，因為要用到乾辣椒、腰果與雞肉。應該有很多讀者看到這頁時，一定會說：「MASA搞什麼？這道明明就是中國菜啊！」（小編也這麼覺得耶！）好……(=__=;) 說實話，我也不敢那麼大聲地說哪道是哪個國家的料理，因為前面介紹幾個國家的料理時，我就已經愈來愈混淆與困惑了！感覺我做的是自己的風格料理。算了！有各個國家感覺的料理就好了～！所以，這道加入了一點日式的烹調方式，把雞肉用日式的調味後先醃好再炸，日文叫『田揚』或『唐揚』，就是炸好直接吃的料理。但這次我只有將表面炸到酥脆，然後再加入其他材料一起炒，最後再勾芡。結果雞肉口感很好，外表酥脆，裡面超嫩多汁，感覺像日式的『唐揚』豪華版！這種方式不只可以用在雞肉上，把豬肉醃過之後，稍微炸一下，再加入一起炒也很適合。請大家一起試試看泰、中、日合作的美味料理吧！

Step

1.

雞腿肉切成小塊，放入碗裡，加入清酒、味醂、醬油與薑泥混合拌勻，醃約5～10分鐘。

⇒ 這些調味料屬於日式，先準備日式炸雞，再和泰國風味一起組合吧！

2.

紅&黃甜椒切成容易吃的大小；洋蔥、蒜頭切成薄片；青蔥切成段。

PART 5

THAI CUISINE

3. 把[調味料]全部放入碗裡混合好。

4. 醃好的雞腿肉均勻地沾上太白粉，準備預熱（180℃）的油，將雞腿肉炸到表面呈金黃色就可以拿出來了。

⇒ 不用炸到全熟，只要表面酥脆有金黃色就好了，等下和蔬菜一起炒就可以煮到熟了。

PART 5

THAI CUISINE

5.

平底鍋開中火,放入乾辣椒、腰果,炒到香味出來。

⇒ 若沒有腰果,可以用花生代替喔!

6.

放入切好的蔬菜和炸好的雞腿肉塊,再炒到雞腿肉塊熟,倒入做法3煮滾,再勾芡熄火,擺盤就完成了~!

⇒ 炸好的雞腿肉塊已經半熟了,炒的時間不用很久喔!雞腿肉塊摸起來有彈性就好了!

Finsh

179

泰國料理

豬肉&冬粉蔬菜清湯

Pork & Green Bean Noodles Soup

份量 2 個

材料

- 冬粉 Green bean noodles __ 20g
- 豆腐 Tofu __ 1盒
- 白菜 Sue choy __ 2葉
- 香菇 Shitake __ 3朵
- 香菜 Cilantro __ 1/2把
- 青蔥 Green onion __ 1支
- 蒜頭 Garlic __ 1瓣
- 豬絞肉 Ground pork __ 50g
- 鹽 Salt __ 1/4小匙
- 太白粉 Potato starch __ 1小匙
- 雞高湯 Chicken stock __ 500cc
- 砂糖 Sugar __ 1小匙
- 鹽 Salt __ 1/2小匙

泰國料理都是辣的嗎？當然不是！像我不太習慣吃辣的人，也愛吃泰國料理，因為它還有很多不辣的料理，像我點菜的時候就一定點這種清湯，這樣吃其他重口味或辣的料理，就可以讓我的舌頭稍微休息一下再繼續吃！

雖然它是一道清湯，但不只是一款簡單的湯，內容豐富，有一點像火鍋，與豆腐等等。準備一大鍋，一次準備多一點的份量，和大家一起吃也很好。因為豬肉丸可以熬煮出很多風味，不用麻煩再特別熬湯，也可以直接用水煮，味道也很OK。如果要的話，加入一點味噌，就可以變成不同風格。或是用烏龍麵代替冬粉也很棒！↑對不起！越來越像日式料理了。（..ε..）但一定很好吃的！因為料理沒有國界！自己想加什麼，就加進去試試看味道怎麼樣吧！搞不好可以發明新的料理喔！

Step

1. 冬粉泡水約5分鐘，等變軟後，拿出來切成容易吃的長度。

2. 豆腐、白菜切成容易吃的大小；香菇切薄片；香菜、青蔥、蒜頭切丁。

3. 豬絞肉加入鹽、蒜頭、香菜與太白粉混合拌勻。

PART 5

THAI CUISINE

WATER OR CHICKEN STOCK

4.

雞高湯或水倒入鍋子裡煮滾。

⇒ 用高湯或水，可依個人方便。因為煮豬絞肉丸時，會出現很多風味，其實用普通的水來煮，也是可以做出很好喝的湯喔！

SUGAR

GREEN BEAN NOODLES

5.

水開始煮滾後，轉中火，用湯匙把混合好的豬絞肉挖出來，輕輕放入。

⇒ 不用特別整型，凹凸不平的樣子吃起來會比較好吃！

6.

加入其他的食材，包括豆腐、白菜、香菇，青蔥與冬粉，如果想吃得清爽一點，只要加入砂糖和鹽調味就好了。

⇒ 如果想吃味道重一點的話，可以加入魚露。

Finsh

泰國料理

涮涮牛肉椰奶味噌風味咖哩

Beef Coconuts Flavor Curry

份量 2 個

我最喜歡的咖哩食譜來了～！泰國料理中一定要介紹椰奶咖哩！由於我自己很愛吃咖哩，所以已經介紹過很多種口味。其實咖哩沒有固定的概念，只是香料的組合之一而已。而且可以做出超級多的味道！

像日本的咖哩比較濃稠，顏色也比較深。而這次介紹的湯汁比較稀，看起來味道不夠濃。但其實完全不會！因為用到椰奶，所以味道非常濃郁！而且調味的部分稍微調整了一點，看材料表就會發現……對！用到味噌！味噌是很方便的調味料，不只增加鹹味，也增加了另一種味道叫『旨味』（Umami）。如果調味時，感覺少了一些味道，就可以加入有這種Umami的調味料。不只味噌，醬油、蠔油、起司粉裡也都有這種味道。

問題是，如果做日本以外的料理，也可以加進去嗎？當然可以！之前上過印度料理的課，老師是印度人，她在做咖哩燉料理的時候加入了味噌，她說印度料理也可以用味噌，這樣可以多一層風味。所以各位，不要怕用這種調味料，常用它就會知道怎麼用。當然用太多，味道過於明顯，會和某一些料理合不來，但只要加入少量，有一點微微的和鹹味不一樣的味道就好了！

材料

- 牛肉薄片 Sliced beef __ 200g
- 魚露 Fish sauce __ 1大匙
- 咖哩粉 Curry powder __ 1大匙
- 洋蔥 Onion __ 1/4個
- 紅甜椒 Red pepper __ 1/2個
- 雪白菇 White shimeji __ 1包
- 咖哩粉 Curry powder __ 2～3大匙
- 水 Water __ 200cc
- 椰奶漿 Coconut cream __ 200cc
- 魚露 Fish sauce __ 1大匙
- 味噌 Miso __ 1/2大匙
- 砂糖 Sugar __ 1小匙
- 九層塔 Basil __ 1把

Step

1. 牛肉薄片切成容易吃的大小，放入碗裡，再加入魚露、咖哩粉混合好，醃約5～10分鐘。

⇒ 用豬肉代替也可以。

2. 洋蔥、紅甜椒切小片；雪白菇剝小塊。

3. 鍋子開中火，加入一點油，放入洋蔥、紅甜椒與雪白菇，炒到香味出來。

184

PART 5

THAI CUISINE

4. 加入咖哩粉拌勻，等散開後，倒入水與椰奶漿。

⇒ 如果不習慣椰奶的味道，可以用牛奶代替！

5. 加入魚露、味噌與砂糖。

⇒ 魚露和味噌都是利用發酵做成的調味料，非常適合，可以做出更有風味的料理喔！

6. 再加入做法1的醃牛肉與九層塔，煮到牛肉熟就完成了～！

185

泰國料理

絞肉九層塔風味 Lunch Plate

Spicy Meat Sauce Lunch Plate

份量 2 個

材料

蒜頭 Garlic __ 2～3瓣
辣椒 Chili pepper __ 1～2根
豬里脊肉（或絞肉）Pork loin
　__ 200g
紅甜椒 Red pepper __ 1個
雞蛋 Egg __ 2個
九層塔 Basil __ 1～2把
泰國白飯（煮熟）Steamed Thai rice
　__ 2碗

調味料

醬油 Soy sauce __ 1小匙
蠔油 Oyster sauce __ 1小匙
砂糖 Sugar __ 1/2小匙
水 Water __ 3大匙

又是我很愛的食譜來了！我非常喜歡九層塔&蒜頭的味道，只要加入這兩種，做什麼都會變成很美味的料理，是超級無敵的食材組合。與義大利料理中常出現的茄汁醬裡的羅勒&蒜頭很像，這次介紹的是很簡單的絞肉料理。對我而言，這是讓人一種很懷念的味道……因為我記得媽媽常做這種料理。但在日本（至少我媽）沒有用九層塔的習慣，通常都是直接炒一炒絞肉，再調味一下後，就和煎蛋、白飯一起裝在便當盒中。她說這是很忙又沒有很多種食材時可以做的方便料理。因為我們家習慣將絞肉冷凍存放，隨時可以解凍，再搭配一個煎蛋就可以很快做一個便當。雖然是很簡單的料理，但我很喜歡。只要看到很多肉&煎蛋蓋住白飯，年輕的時候就可以很猛的吃光光～！沒想到，原來泰國也有這種組合的方式擺盤呢。這次介紹的還是依照傳統的泰國料理，大方地用了九層塔&蒜頭。再把做好的絞肉和煎蛋、白飯全部裝在盤子上，請盡情享受泰國Style的媽媽味料理吧！

Step

1. 蒜頭、辣椒打成泥。
⇒ 如果沒有這種特別的道具，可以直接用食物調理機，要不然用刀子打成泥也OK的～！

2. 豬里脊肉或絞肉直接用現成的絞肉，或用刀剁成泥；紅甜椒切成薄片。

3. 平底鍋開中小火，倒入一點點油，放入雞蛋，取鍋邊的熱油淋上蛋黃，再煮到半熟或煮到個人喜愛的熟度就可以。

PART 5

THAI CUISINE

4. 平底鍋開中火，倒入一點點油，加入做法1的材料，炒到香味出來。

5. 放入豬里脊肉絞肉，炒到變色，再加入紅甜椒炒一下。

6. 倒入水、所有的[調味料]，放入九層塔拌一拌，就可以熄火了！擺盤，放入煮好的泰國白飯與煎好的蛋，並淋入肉醬就好了。Enjoy 泰國Style 1nuch plate!!
(ㄧㄧ)

Finsh

188

泰國料理

泰式風味鮮蝦蛋炒飯

Prawn & Egg Stir Fried Rice

份量 2 個

材料

- 蝦子 Prawns　8隻
- 紫洋蔥 Red onion　1/8個
- 青蔥 Green onion　1支
- 泰國白飯 Steamed Thai rice　2碗
- 雞蛋 Egg　2個
- 小番茄 Mini tomato　4個
- 鹽&黑胡椒 Salt & Black pepper　適量
- 香菜 Cilantro　1/2把

調味料
- 魚露 Fish sauce　2小匙
- 醬油 Soy sauce　1小匙
- 砂糖 Sugar　1小匙
- 白醋 White vinegar　1小匙

剛去加拿大時，很喜歡逛逛中華街。看到很多種類的食材很好玩，不只中式，還有販賣很多東南亞料理的食材。雖然常看到很有趣的食材，但如果不太熟，還不會買。而且我沒有帶那麼多錢。

我曾經住過那種可以短期居住的地方，叫Back Packers，由於大部分的旅客都是短期居住，所以廚房是大家共用的，很多人買了調味料就留在廚房給大家用，以致於倉庫裡有不少種類的調味料。因為旅客來自不同的國家，也會看到很多種沒看過的東西。有一天肚子餓了，進去廚房，想用昨天剩下的飯來做炒飯，因為我還是習慣用醬油，所以就去倉庫看看有什麼和醬油很像的調味料。結果找到一瓶很像的，打開瓶子聞聞看⋯⋯OMG！味道太～重了！感覺是很成熟的味道⋯⋯當年還很年輕的我很有勇氣地滴出一點點，嘗了一下味道⋯⋯嗯！還不錯！就把它加入炒飯裡，結果太好吃了！後來終於知道東南亞做的炒飯味道從哪裡來的！對！就是魚露。雖然有興趣，但一直沒用過，也沒有預算買。（其實它不是那麼貴的。）但現在在台灣，它是很容易買得到的調味料喔！就用這個來做好吃的蝦子炒飯吧！

Step

1. 將去殼、去腸泥的蝦子汆燙後撈出來。

2. 紫洋蔥切片；青蔥切丁。

3. 泰國白飯裡加入［調味料］混合攪拌好。
⇒ 先把白飯入味，讓每粒飯都吸入調味料的味道！

PART 5

THAI CUISINE

EGG　OIL

4. 平底鍋開中火，倒入一點點油，放入雞蛋攪拌好。

⇒ 不用炒到全熟，讓雞蛋把油分包覆起來再炒就好了。

SEASONED RICE

5. 放入調味好的飯攪拌均勻，把炒蛋裡包好飯裡的油分壓出來。

S P　MINI TOMATO

6. 加入紫洋蔥、小番茄、蝦子混合攪拌一下，撒上鹽&黑胡椒調整味道，擺上香菜就完成了～！

Finsh

191

泰國料理

三色丸子椰奶粉圓

Three Color Dumplings Soup

份量 2 個

材料

草莓丸子
- 草莓 Strawberries __ 10g
- 糯米粉 Sticky rice flour __ 15g

藍莓丸子
- 藍莓 Blue berries __ 10g
- 糯米粉 Sticky rice flour __ 15g

抹茶丸子
- 糯米粉 Sticky rice flour __ 15g
- 抹茶粉 Matcha powder __ 1/2小匙
- 水 Water __ 10cc

- 地瓜（切丁）Yam __ 50g
- 水 Water __ 100cc
- 椰奶漿 Coconut cream __ 200cc
- 砂糖 Sugar __ 50g

泰國甜點有幾樣是我很喜歡的，這裡介紹的是簡單又好吃的一種，而且顏色很多！

最早看到這種甜點，是第一次上台灣電視台節目的時候，我做了壓壽司，而另外一位廚師則做了這種甜點。那時，那位廚師打開很多罐頭，裡面裝有各種不同的顏色，非常Colorful！

日本也有類似的甜點，會加入紅色的丸子，並使用紅色食用色素。但現在只要用天然的食材，也可以做出很漂亮的丸子！雖然要捏很多丸子，但因為步驟很簡單，大家一起做，我覺得會比較好玩，小朋友一定喜歡。雖然丸子裡沒加入糖，但利用水果的甜味，也可以享受微甜&水果的風味。除了丸子外，我加入了地瓜，當然用芋頭代替也不錯，加入可可粉、黑芝麻粉也很香。其實想加什麼都可以放進去，顏色愈多，愈有泰國點心的感覺喔！

Step

1. 草莓丸子

先準備[草莓丸子]！草莓打碎後，和糯米粉混合好。

⇒ 因為草莓含有水分，不用另外加入水。如果太乾，可以加入一顆草莓，稍微調整麵糰！

2. 藍莓丸子

[藍莓丸子]也用同樣的方式做～！打碎後，藍莓和糯米粉混合好。

PART 5

THAI CUISINE

3. 抹茶丸子

抹茶口味的[抹茶丸子]，將糯米粉和過篩的抹茶粉混合好後，倒入水，混合攪拌均勻。

⇒ 抹茶粉很容易結塊，一定要過篩，再和乾燥的材料（糯米粉）混合好，再倒入水喔！

4.
後續的做法和中式湯圓很像！先搓成棒狀後，切段，再捏成小球形。

5.
準備滾水。放入捏好的小球形，煮到浮上來，再放入切成丁的地瓜，一起煮到熟取出。

6.
鍋子裡放入水、椰奶漿煮滾，再加入砂糖、煮好的小球形丸子、地瓜，再煮到砂糖融化就可以熄火了。

194

泰國料理

Sweet Potato Dumpling Doughnuts

地瓜小球甜甜圈

份量 5 個

材料

- 黃地瓜 Sweet potato __ 400g
- 砂糖 Sugar __ 50g
- 蛋黃 Egg yolk __ 1個
- 煉乳 Condensed milk __ 1/2大匙
- 泡打粉 Baking powder __ 1小匙
- 太白粉 Potato starch __ 50g
- 鹽 Salt __ 1/4小匙
- 黑芝麻 Black sesame __ 1大匙
- 沙拉油 Vegetable oil __ 1鍋
- 煉乳 Condensed milk __ 適量（沾用）

這種點心和台灣路邊賣的有一點像，大家應該有吃過地瓜球吧！炸的時候，小氣球會慢慢地膨脹起來。我在加拿大經營餐廳時，也賣過類似的料理。它是用蒸過的馬鈴薯沾麵糊炸的，再用很多奶油均勻一起吃，算是鹹的料理，搭配飲料很適合。但問題是油含量超級多的，吃兩、三個就馬上膩到爆表了！

這次介紹的做法是不一樣的喔！把純地瓜泥稍微調味後直接炸，和路邊賣的不一樣，裡面不是空的，而是裝滿滿的整個地瓜丸子，咬一口，就可以享受外面酥脆裡面鬆軟的口感。地瓜的香味很多，是非常有滿足感的點心。我做了原味，還有加入黑芝麻的兩種口味。做法很簡單，可以一邊捏一邊炸，炸好後直接拿起來，熱呼呼的吃也很棒！這種點心隨時可以做，一次做多一點，就算冷掉時，也可以放入烤箱加熱一下，就恢復剛炸好的口感。如果想要開一家路邊攤的點心店，可以考慮賣這款點心喔！(SAYA)

---

1. 黃地瓜切成小塊，放入電鍋蒸到熟。
⇒ 煮的方式可依個人習慣調整，用微波爐加熱也OK。

2. 熟地瓜打碎。
⇒ 可以打到細一點，如果用太大顆粒做出來的，形狀會不漂亮。

3. 地瓜裡加入砂糖、蛋黃、煉乳、泡打粉、太白粉與鹽混合均勻。

PART 5

THAI CUISINE

BLACK SESAME

4.
這次我要做原味和黑芝麻兩種口味,所以分成二等份,先取出一半的份量,另一半份量加入黑芝麻混合好。

6. 把兩樣口味的捏成球形,直徑約2～2.5cm。

5.
準備預熱到170°C的沙拉油,炸到稍微膨脹,至表面變成金黃色就可以撈出來了!它本身已經有味道,也可以和煉乳一起搭配喔!

197

索 引

本書食材與相關料理一覽表
（依筆畫數多寡排列，不含調味料）

肉類

牛肉薄片
涮涮牛肉椰奶味噌風味咖哩（P.183）

牛肋條
法式牛肉紅酒Koto Koto煮（P.69）

培根
今日推薦蔬菜湯義式茄汁（P.98）、香煎雞腿肉佐巴薩米克醋醬（P.110）、濃郁＆滑潤快速（P.117）、鷹嘴豆＆蔬菜清湯（P.136）、毛豆白酒燉煮蛤蜊白身魚（P.139）

豬五花肉
味道豐富味噌豬肉蔬菜湯（P.22）

豬里脊肉
佛羅倫斯風香烤豬里脊肉（P.106）、香煎豬排＆香烤甜椒（P.133）、絞肉九層塔風味（P.186）

豬絞肉
冬粉蝦子＆中卷辣味沙拉（P.166）、泰式蝦子＆絞肉可樂餅（P.172）、豬肉＆冬粉蔬菜清湯（P.180）

雞腿肉
營養滿分的茶碗蒸（P.18）、免捏照燒雞肉飯糰（P.29）、福岡鄉土風筑前煮（P.32）、媽媽味法式燉雞肉＆蔬菜（P.58）、香煎雞腿肉佐巴薩米克醋醬（P.110）、雞腿肉西班牙燉飯（P.150）、辣味龍田揚雞腿（P.176）

海鮮類

干貝
南法風健康海鮮沙拉佐蜂蜜優格醬（P.50）

中卷
南法風健康海鮮沙拉佐蜂蜜優格醬（P.50）、冬粉蝦子＆中卷辣味沙拉（P.166）

竹筴魚
竹筴魚清湯（P.15）

蛤蜊
香噴噴法式蛤蜊飯（P.76）、毛豆白酒燉煮蛤蜊白身魚（P.139）

馬頭魚
馬頭魚照燒風味牛蒡煮（P.26）

蝦子
營養滿分的茶碗蒸（P.18）、豪華海鮮千層壓壽司（P.36）、南法風健康海鮮沙拉佐蜂蜜優格醬（P.50）、番茄＆蝦子油漬天使麵沙拉（P.94）、蝦湯風味義式燉飯（P.114）、西班牙風味白酒蒜味蝦（P.146）、冬粉蝦子＆中卷辣味沙拉（P.166）、泰式梅子風味酸辣湯（P.169）、泰式蝦子＆絞肉可樂餅（P.172）、泰式風味鮮蝦蛋炒飯（P.189）

鮭魚
豪華海鮮千層壓壽司（P.36）

燻鮭魚
燻鮭魚＆奶味馬鈴薯沙拉前菜（P.54）

鯛魚
煎白身魚清爽奶油白酒醬（P.66）、鯛魚＆烤甜椒Carpaccio佐黃芥末美乃滋沙拉醬（P.90）

鱈魚
毛豆白酒燉煮蛤蜊白身魚（P.139）

麵、飯類

天使麵
番茄＆蝦子油漬天使麵沙拉（P.94）

冬粉
冬粉蝦子＆中卷辣味沙拉（P.166）、豬肉＆冬粉蔬菜清湯（P.180）

米（飯）
免捏照燒雞肉飯糰（P.29）、豪華海鮮千層壓壽司（P.36）、香噴噴法式蛤蜊飯（P.76）、蝦湯風味義式燉飯（P.114）、雞腿肉西班牙燉飯（P.150）、茄汁彩色蔬菜餡燉飯（P.154）、西班牙檸檬風味白米露（P.161）、絞肉九層塔風味（P.186）、泰式風味鮮蝦蛋炒飯（P.189）

法國麵包
燻鮭魚＆奶味馬鈴薯沙拉前菜（P.54）、甜味豐富紅蘿蔔冷湯（P.62）、今日推薦蔬菜湯義式茄汁（P.98）、清爽蕃茄＆烤甜椒冷湯（P.142）、西班牙風味白酒蒜味蝦（P.146）

義大利麵
濃郁＆滑潤快速（P.117）

蛋奶豆製品

牛奶
簡單手工抹茶冰淇淋（P.44）、燻鮭魚＆奶味馬鈴薯沙拉前菜（P.54）、甜味豐富紅蘿蔔冷湯（P.62）、彩色蔬菜餡法式鹹派（P.72）、法式柳丁奶油醬可麗餅（P.80）、超級酥脆！巧克力卡士達醬泡芙（P.84）、義式鮮奶酪佐蛋黃醬（P.120）、西班牙風肉桂焦糖布丁（P.158）、西班牙檸檬風味白米露（P.161）

豆腐
豬肉＆冬粉蔬菜清湯（P.180）

乳酪
南瓜風味提拉米蘇（P.124）

帕瑪森起司
彩色蔬菜餡法式鹹派（P.72）、鯛魚＆烤甜椒Carpaccio佐黃芥末美乃滋沙拉醬（P.90）、今日推薦蔬菜湯義式茄汁（P.98）

披薩起司
彩色蔬菜餡法式鹹派（P.72）

起司粉
佛羅倫斯風香烤豬里脊肉（P.106）、蝦湯風味義式燉飯（P.114）、濃郁＆滑潤快速（P.117）

蛋
菠菜松子燒＆黃身酢醬（P.12）、營養滿分的茶碗蒸（P.18）、免捏照燒雞肉飯糰（P.29）、豪華海鮮千層壓壽司（P.36）、簡單手工抹茶冰淇淋（P.44）、南法風健康海鮮沙拉佐蜂蜜優格醬（P.50）、彩色蔬菜餡法式鹹派（P.72）、法式柳丁奶油醬可麗餅（P.80）、超級酥脆！巧克力卡士達醬泡芙（P.84）、鯛魚＆烤甜椒Carpaccio佐黃芥末美乃滋沙拉醬（P.90）、佛羅倫斯風香烤豬里脊肉（P.106）、濃郁＆滑潤快速（P.117）、義式鮮奶酪佐蛋黃醬（P.120）、南瓜風味提拉米蘇（P.124）、經典馬鈴薯＆綠櫛瓜歐姆蛋（P.130）、西班牙風肉桂焦糖布丁（P.158）、絞肉九層塔風味（P.186）、泰式風味鮮蝦蛋炒飯（P.189）、地瓜小球甜甜圈（P.195）

優格
南法風健康海鮮沙拉佐蜂蜜優格醬（P.50）、甜味豐富紅蘿蔔冷湯（P.62）

蔬果類

小番茄
南法風健康海鮮沙拉佐蜂蜜優格醬（P.50）、煎白身魚清爽奶油白酒醬（P.66）、番茄＆蝦子油漬天使麵沙拉（P.94）、佛羅倫斯風香烤豬里脊肉（P.106）、香煎豬排＆香烤甜椒（P.133）、茄汁彩色蔬菜燉飯（P.154）、泰式梅子風味酸辣湯（P.169）、泰式風味鮮蝦蛋炒飯（P.189）

小黃瓜
免捏照燒雞肉飯糰（P.29）、豪華海鮮千層壓壽司（P.36）、清爽番茄＆烤甜椒冷湯（P.142）

毛豆
竹筴魚清湯（P.15）、毛豆白酒燉煮蛤蜊白身魚（P.139）

牛番茄
冬粉蝦子＆中卷辣味沙拉（P.166）

牛蒡
竹筴魚清湯（P.15）、馬頭魚照燒風味牛蒡煮（P.26）、福岡鄉土風筑前煮（P.32）

四季豆
味道豐富味噌豬肉蔬菜湯（P.22）、香煎雞腿肉佐巴薩米克醋醬（P.110）、濃郁＆滑潤快速（P.117）

生菜
燻鮭魚＆奶味馬鈴薯沙拉前菜（P.54）

白菜
豬肉＆冬粉蔬菜清湯（P.180）

白蘿蔔
味道豐富味噌豬肉蔬菜湯（P.22）

地瓜
三色丸子椰奶粉圓（P.192）

花椰菜
蝦湯風味義式燉飯（P.114）

芹菜
今日推薦蔬菜湯義式茄汁（P.98）、鄉村風花腰豆濃湯（P.102）、茄汁彩色蔬菜燉飯（P.154）

金針菇
竹筴魚清湯（P.15）

南瓜
今日推薦蔬菜湯義式茄汁（P.98）、南瓜風味提拉米蘇（P.124）

柳丁
法式柳丁奶油醬可麗餅（P.80）、西班牙風肉桂焦糖布丁（P.158）

洋蔥
味道豐富味噌豬肉蔬菜湯（P.22）、媽媽味法式燉雞肉＆蔬菜（P.58）、甜味豐富紅蘿蔔冷湯（P.62）、法式牛肉紅酒Koto Koto煮（P.69）、香噴噴法式蛤蜊飯（P.76）、今日推薦蔬菜湯義式茄汁（P.98）、鄉村風花腰豆濃湯（P.102）、香煎雞腿肉佐巴薩米克醋醬（P.110）、蝦湯風味義式燉飯（P.114）、經典馬鈴薯＆綠櫛瓜歐姆蛋（P.130）、鷹嘴豆＆蔬菜清湯（P.136）、雞腿肉西班牙燉飯（P.150）、茄汁彩色蔬菜燉飯（P.154）、辣味龍田揚雞腿（P.176）、涮涮牛肉椰奶味噌風味咖哩（P.183）

甜椒
彩色蔬菜餡法式鹹派（P.72）、鯛魚＆烤甜椒Carpaccio佐黃芥末美乃滋沙拉醬（P.90）、鄉村風花腰豆濃湯（P.102）、香煎豬排＆香烤甜椒（P.133）、清爽番茄＆烤甜椒冷湯（P.142）、茄汁彩色蔬菜燉飯（P.154）、泰式蝦子＆絞肉可樂餅（P.172）、辣味龍田揚雞腿（P.176）、涮涮牛肉椰奶味噌風味咖哩（P.183）、絞肉九層塔風味（P.186）

紅蘿蔔
菠菜松子燒＆黃身酢醬（P.12）、竹筴魚清湯（P.15）、營養滿分的茶碗蒸（P.18）、味道豐富味噌豬肉蔬菜湯（P.22）、福岡鄉土風筑前煮（P.32）、媽媽味法式燉雞肉＆蔬菜（P.58）、甜味豐富紅蘿蔔冷湯（P.62）、法式牛肉紅酒Koto Koto煮（P.69）、香噴噴法式蛤蜊飯（P.76）、今日推薦蔬菜湯義式茄汁（P.98）、鄉村風花腰豆濃湯（P.102）、香煎雞腿肉佐巴薩米克醋醬（P.110）、經典馬鈴薯＆綠櫛瓜歐姆蛋（P.130）、鷹嘴豆＆蔬菜清湯（P.136）、茄汁彩色蔬菜燉飯（P.154）

苜蓿芽
鯛魚＆烤甜椒Carpaccio佐黃芥末美乃滋沙拉醬（P.90）

茄子
茄汁彩色蔬菜燉飯（P.154）

香菇
冬粉蝦子＆中卷辣味沙拉（P.166）、豬肉＆冬粉蔬菜清湯（P.180）

草莓
酸酸甜甜抹茶風味草莓大福（P.40）、三色丸子椰奶粉圓（P.192）

馬鈴薯
燻鮭魚＆奶味馬鈴薯沙拉前菜（P.54）、媽媽味法式燉雞肉＆蔬菜（P.58）、今日推薦蔬菜湯義式茄汁（P.98）、香煎雞腿肉佐巴薩米克醋醬（P.110）、經典馬鈴薯＆綠櫛瓜歐姆蛋（P.130）、鷹嘴豆＆蔬菜清湯（P.136）、泰式蝦子＆絞肉可樂餅（P.172）

高麗菜
鷹嘴豆＆蔬菜清湯（P.136）

雪白菇
涮涮牛肉椰奶味噌風味咖哩（P.183）

番茄
今日推薦蔬菜湯義式茄汁（P.98）、清爽番茄＆烤甜椒冷湯（P.142）

紫洋蔥
南法風健康海鮮沙拉佐蜂蜜優格醬（P.50）、鯛魚＆烤甜椒Carpaccio佐黃芥末美乃滋沙拉醬（P.90）、番茄＆蝦子油漬天使麵沙拉（P.94）、冬粉蝦子＆中卷辣味沙拉（P.166）、泰式風味鮮蝦蛋炒飯（P.189）

菠菜
菠菜松子燒＆黃身酢醬（P.12）、彩色蔬菜餡法式鹹派（P.72）、佛羅倫斯風香烤豬里脊肉（P.106）

黃地瓜
地瓜小球甜甜圈（P.195）

黑橄欖
番茄＆蝦子油漬天使麵沙拉（P.94）

綠櫛瓜
鄉村風花腰豆濃湯（P.102）、經典馬鈴薯＆綠櫛瓜歐姆蛋（P.130）、茄汁彩色蔬菜燉飯（P.154）

碗豆
營養滿分的茶碗蒸（P.18）、馬頭魚照燒風味牛蒡煮（P.26）、福岡鄉土風筑前煮（P.32）、豪華海鮮千層壓壽司（P.36）、媽媽味法式燉雞肉＆蔬菜（P.58）、法式牛肉紅酒Koto Koto煮（P.69）

龍蒿
法式柳丁奶油醬可麗餅（P.80）、鯛魚＆烤甜椒Carpaccio佐黃芥末美乃滋沙拉醬（P.90）、番茄＆蝦子油漬天使麵沙拉（P.94）

鴻禧菇
味道豐富味噌豬肉蔬菜湯（P.22）、媽媽味法式燉雞肉＆蔬菜（P.58）、彩色蔬菜餡法式鹹派（P.72）、鄉村風花腰豆濃湯（P.102）、蝦湯風味義式燉飯（P.114）、雞腿肉西班牙燉飯（P.150）、泰式梅子風味酸辣湯（P.169）

檸檬
南法風健康海鮮沙拉佐蜂蜜優格醬（P.50）、番茄＆蝦子油漬天使麵沙拉（P.94）、西班牙肉桂焦糖布丁（P.158）、西班牙檸檬風味白米露（P.161）、冬粉蝦子＆中卷辣味沙拉（P.166）、泰式梅子風味酸辣湯（P.169）

藍莓
三色丸子椰奶粉圓（P.192）

蘑菇
法式牛肉紅酒Koto Koto煮（P.69）

蘿蔓生菜
南法風健康海鮮沙拉佐蜂蜜優格醬（P.50）

鷹嘴豆
鷹嘴豆＆蔬菜清湯（P.136）

辛香料類

九層塔
涮涮牛肉椰奶味噌風味咖哩（P.183）、絞肉九層塔風味（P.186）

巴西里
甜味豐富紅蘿蔔冷湯（P.62）、煎白身魚清爽奶油白酒醬（P.66）、香噴噴法式蛤蜊飯（P.76）、毛豆白酒燉煮蛤蜊白身魚（P.139）、西班牙風味白酒蒜味蝦（P.146）

月桂葉
媽媽味法式燉雞肉＆蔬菜（P.58）、香煎豬排＆香烤甜椒（P.133）、鷹嘴豆＆蔬菜清湯（P.136）

百里香
今日推薦蔬菜湯義式茄汁（P.98）、佛羅倫斯風香烤豬里脊肉（P.106）、茄汁彩色蔬菜燉飯（P.154）

肉桂粉
西班牙檸檬風味白米露（P.161）

肉桂棒
西班牙風肉桂焦糖布丁（P.158）

咖哩粉
涮涮牛肉椰奶味噌風味咖哩（P.183）

青蔥
竹莢魚清湯（P.15）、冬粉蝦子＆中卷辣味沙拉（P.166）、辣味龍田揚雞腿（P.176）、豬肉＆冬粉蔬菜清湯（P.180）、泰式風味鮮蝦蛋炒飯（P.189）

香草莢
西班牙檸檬風味白米露（P.161）

紅椒粉
清爽番茄＆烤甜椒冷湯（P.142）

紅蔥頭
燻鮭魚&奶味馬鈴薯沙拉前菜（P.54）、甜味豐富紅蘿蔔冷湯（P.62）、煎白身魚清爽奶油白酒醬（P.66）、茄汁彩色蔬菜燉飯（P.154）

香菜
南法風健康海鮮沙拉佐蜂蜜優格醬（P.50）、冬粉蝦子&中卷辣味沙拉（P.166）、泰式梅子風味酸辣湯（P.169）、泰式蝦子&絞肉可樂餅（P.172）、豬肉&冬粉蔬菜清湯（P.180）、泰式風味鮮蝦蛋炒飯（P.189）

迷迭香
法式牛肉紅酒Koto Koto煮（P.69）

乾燥辣椒
辣味龍田揚雞腿（P.176）

甜椒粉
雞腿肉西班牙燉飯（P.150）

番紅花
雞腿肉西班牙燉飯（P.150）

義大利巴西里
雞腿肉西班牙燉飯（P.150）

蒜頭
燻鮭魚&奶味馬鈴薯沙拉前菜（P.54）、甜味豐富紅蘿蔔冷湯（P.62）、法式牛肉紅酒Koto Koto煮（P.69）、彩色蔬菜餡法式鹹派（P.72）、香噴噴法式蛤蜊飯（P.76）、今日推薦蔬菜湯義式茄汁（P.98）、佛羅倫斯風香烤豬里脊肉（P.106）、濃郁&滑潤快速（P.117）、香煎豬排&香烤甜椒（P.133）、鷹嘴豆&蔬菜清湯（P.136）、毛豆白酒燉煮蛤蜊白身魚（P.139）、清爽番茄&烤甜椒冷湯（P.142）、西班牙風味白酒蒜味蝦（P.146）、茄汁彩色蔬菜燉飯（P.154）、泰式蝦子&絞肉可樂餅（P.172）、辣味龍田揚雞腿（P.176）、豬肉&冬粉蔬菜清湯（P.180）、絞肉九層塔風味（P.186）

辣椒
西班牙風味白酒蒜味蝦（P.146）、冬粉蝦子&中卷辣味沙拉（P.166）、泰式蝦子&絞肉可樂餅（P.172）、絞肉九層塔風味（P.186）

辣椒粉
茄汁彩色蔬菜燉飯（P.154）

薑
竹莢魚清湯（P.15）、馬頭魚照燒風味牛蒡煮（P.26）、義式鮮奶酪佐蛋黃醬（P.120）、泰式梅子風味酸辣湯（P.169）、辣味龍田揚雞腿（P.176）

其他

水煮番茄（罐頭）
法式牛肉紅酒Koto Koto煮（P.69）、今日推薦蔬菜湯義式茄汁（P.98）

白芝麻
豪華海鮮千層壓壽司（P.36）

白蘭地
法式牛肉紅酒Koto Koto煮（P.69）

巴薩米克醋
香煎雞腿肉佐巴薩米克醋醬（P.110）

巧克力
超級酥脆！巧克力卡士達醬泡芙（P.84）

吉利丁片
義式鮮奶酪佐蛋黃醬（P.120）、南瓜風味提拉米蘇（P.124）

君度橙酒
法式柳丁奶油醬可麗餅（P.80）

松子
菠菜松子燒&黃身酢醬（P.12）

花腰豆
鄉村風花腰豆濃湯（P.102）

昆布
竹莢魚清湯（P.15）、營養滿分的茶碗蒸（P.18）、福岡鄉土風筑前煮（P.32）

紅豆
酸酸甜甜抹茶風味草莓大福（P.40）

核桃
甜味豐富紅蘿蔔冷湯（P.62）

海苔
免捏照燒雞肉飯糰（P.29）、豪華海鮮千層壓壽司（P.36）

消化餅乾
南瓜風味提拉米蘇（P.124）

柴魚片
營養滿分的茶碗蒸（P.18）

魚板
營養滿分的茶碗蒸（P.18）

梅子
泰式梅子風味酸辣湯（P.169）

黑芝麻
地瓜小球甜甜圈（P.195）

腰果
辣味龍田揚雞腿（P.176）

椰奶漿
涮涮牛肉椰奶味噌風味咖哩（P.183）、三色丸子椰奶粉圓（P.192）

煉乳
地瓜小球甜甜圈（P.195）

蜂蜜
南法風健康海鮮沙拉佐蜂蜜優格醬（P.50）

蒟蒻
味道豐富味噌豬肉蔬菜湯（P.22）、福岡鄉土風筑前煮（P.32）

鹹派皮
彩色蔬菜餡法式鹹派（P.72）

廚房Kitchen 0025

MASA最愛！
世界五大美食國家料理

一看就懂，
結合550張手繪稿與
美食照片的食譜

作　　者	MASA（山下 勝）
人物攝影	子宇影像有限公司
場地提供	mama de maison 食器、食材、料理教室
商品贊助	皇冠金屬工業股份有限公司（THERMOS膳魔師 &德國BEKA貝卡） 統一企業公司（統一綺麗健康油）

總 編 輯	鄭淑娟
行銷主任	邱秀珊
編　　輯	歐子玲
美術設計	許丁文

出 版 者	日日幸福事業有限公司
電　　話	（02）2368-2956　傳真：（02）2368-1069
地　　址	106台北市和平東路一段10號12樓之1
郵撥帳號	50263812　戶名：日日幸福事業有限公司
發　　行	聯合發行股份有限公司
電　　話	（02）2917-8012
印　　刷	科億印刷股份有限公司
電　　話	（02）2226-8905
初版三刷	2016年6月
定　　價	350元

版權所有　翻印必究
※本書如有缺頁、破損、裝訂錯誤，請寄回本公司更換

國家圖書館出版品預行編目資料

MASA最愛！世界五大美食國家料理：一看就懂，結合550張手繪稿與美食照片的食譜 / MASA著. -- 初版. -- 臺北市：日日幸福事業出版；〔新北市〕：聯合發行, 2016.05
　面；　公分. -- (廚房Kitchen；25)
ISBN 978-986-93115-1-9(平裝)

1.食譜
427.1　　　　　105006345

THERMOS 膳魔師

QUALITY SINCE 1904
百年溫控專家

彩漾雙色 時尚隨行！

全球第一品牌 百年燜燒鍋專家
膳魔師新一代彩漾燜燒鍋
環保節能 省時免顧 一提就走

蒸、煮、燉、滷、煨、熬、燜、燒，樣樣行
甜鹹冰熱，通通搞定，安全輕鬆享美味

THERMOS 膳魔師燜燒鍋 美味四步驟

1 煮滾食材
將食材及調味料放入燜燒鍋內鍋，於爐上煮滾

2 移入外鍋
將燜燒鍋內鍋移入燜燒鍋外鍋。

3 蓋上燜煮
蓋上燜燒鍋鍋蓋，就可攜帶外出，同時料理正在鍋內燜煮。

4 燜煮完成
到達目的地後，燜燒鍋料理完成。

雙層不銹鋼 真空斷熱
外鍋為雙層不銹鋼真空結構設計，超強真空斷冷斷熱功能

THERMOS 膳魔師彩漾燜燒鍋特色

外出提把設計，一提就走，方便露營野餐、休閒旅遊使用。

內鍋上蓋可置放於本體上蓋，使用方便又衛生。

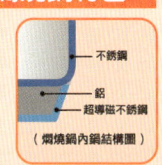

SUS304 不銹鋼內鍋其鍋底使用超導磁不銹鋼，適用各種熱源
（燜燒鍋內鍋結構圖）
不銹鋼
鋁
超導磁不銹鋼

THERMOS 膳魔師彩漾燜燒鍋 RPE-3000-OLV/CA（橄欖綠/胡蘿蔔橘）
容量：3.0L

THERMOS 膳魔師台灣區總代理
皇冠金屬工業股份有限公司

消費者服務專線：0800-251-030
膳魔師官方網站：www.thermos.com.tw
膳魔師官方粉絲團：www.facebook.com.tw/thermos.tw

THERMOS 膳魔師 官方網站
手機掃描 QR CODE

THERMOS 膳魔師 官方粉絲團
手機掃描 QR CODE

統一企業

ヘルシー リセッタ

統一® 綺麗健康油®

体 脂 肪

中鏈脂肪酸
不易形成體脂肪

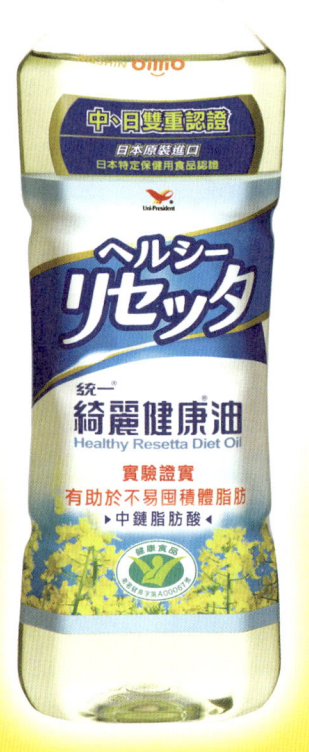

健康食品
衛署健食字第A00067號

BEKA
德國百年鍋具專家

想要輕鬆料理美味
交給德國 BEKA 悠活燉煮鍋
Cook'on 系列

歐洲傳統鑄鐵鍋功能 × 快速導熱完美工藝
採用BEKA健康陶磁塗層 - 貝卡耐 (Bekadur Ceramica)
適合煎、炒、燉、煮 一鍋搞定
超輕盈極省力　健康美味愛地球

人氣主廚
MASA

保留美味	快速導熱	創意防燙	一鍋多用
獨特鎖水突點設計，保留食物的水份與原味	高效能導熱鍋身，燉煮料理省時又節能	可拆卸防燙手把矽膠套，輕鬆握拿	煎、炒、燉、煮，一鍋美味完美搞定

BEKA Cook'on 悠活燉煮鍋

20cm / 2.4L 　　24cm / 4.2L 　　28cm / 6.8L

瓦斯爐　電爐
陶瓷爐面　電磁爐
適用電磁爐及
各種烹調熱源

請洽皇冠金屬形象店及全國百貨公司BEKA貝卡直營專櫃參觀選購
消費者服務專線：0800-251-030　www.crown-life.com.tw

台北　皇冠金屬中山形象店(中山北路一段93號)
　　　新光三越百貨(站前店)10F
　　　新光三越百貨(信義A8)7F
　　　遠東百貨(板橋店)10F
桃園　新光三越百貨(大有店)B1
　　　台茂購物中心 5F
新竹　SOGO百貨Big City 6F
台中　皇冠金屬大墩形象店(大墩路816號)
　　　中友百貨A棟11F
　　　遠東百貨(台中店)9F
台南　夢時代購物中心 B1
高雄　皇冠金屬明誠形象店(明誠二路340號)
　　　新光三越百貨(左營店)9F
　　　統一時代百貨(高雄店)5F
　　　漢神巨蛋百貨 B1
　　　遠東百貨 10F
屏東　太平洋百貨 6F

BEKA台灣官網

手機掃描 QR Code

日日幸福豪華好禮大放送！

只要填好讀者回函卡，寄回本公司（直接投郵），您就有機會免費抽中以下豪華的廚房實用好幫手！

獎項內容

THERMOS 膳魔師
彩漾燜燒鍋（3.0L，不挑色）
價值7,500元 / 共3個名額

德國BEKA貝卡
Cook'on 悠活燉煮鍋系列（20 cm，不挑色）
價值4,800元 / 共6個名額

THERMOS 膳魔師
不銹鋼真空燜燒提鍋（1.5L）
價值3,450元 / 共4個名額

德國BEKA貝卡
Titan泰坦黑鑽陶瓷健康鍋單柄平底鍋（20 cm）
價值3,200元 / 共4個名額

THERMOS 膳魔師
真空食物燜燒罐（720ml，不挑色）
價值1,850元 / 共6個名額

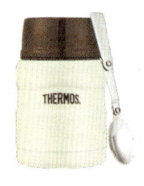

THERMOS 膳魔師
真空食物燜燒罐（470ml，不挑色）
價值1,450元 / 共4個名額

THERMOS 膳魔師
真空食物燜燒罐（500ml，不挑色）
價值1,400元 / 共4個名額

統一 綺麗健康油
中鏈脂肪酸 不易形成體脂肪（一組5瓶）
價值1,140元 / 共10個名額

參加辦法

只要購買《MASA最愛！世界五大美食國家料理一一一一看就懂，結合550張手繪稿與美食照片的食譜》，填妥書裡「讀者回函卡」（免貼郵票）於2016年8月31日前（郵戳為憑）寄回【日日幸福】，本公司將抽出共41位幸運的讀者，得獎名單將於2016年9月12日公布在：

日日幸福部落格：http://happinessalways.pixnet.net/blog
日日幸福粉絲團：https://www.facebook.com/happinessalwaystw

◎ 以上獎項，非常感謝下列兩大廠商大方熱情贊助。

THERMOS QUALITY SINCE 1904　BEKA　皇冠金屬工業股份有限公司（THERMOS膳魔師&德國BEKA貝卡）

統一企業公司 UNI-PRESIDENT ENTERPRISES CORP.（統一 綺麗健康油）

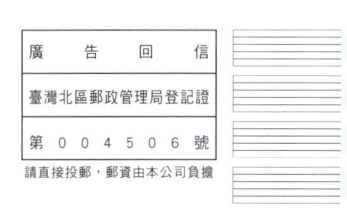

廣　告　回　信
臺灣北區郵政管理局登記證
第　0 0 4 5 0 6　號
請直接投郵，郵資由本公司負擔

請沿虛線剪下，黏貼好後，直接投入郵筒寄回

10643
台北市大安區和平東路一段10號12樓之1
日日幸福事業有限公司　收

書名｜MASA最愛！世界五大美食國家料理　　書號｜HKAI0025

讀者回函卡

感謝您購買本公司出版的書籍,您的建議就是本公司前進的原動力。請撥冗填寫此卡,我們將不定期提供您最新的出版訊息與優惠活動。

▶

姓名：＿＿＿＿＿＿＿＿＿　性別：□男　□女　出生年月日：民國＿＿＿年＿＿＿月＿＿＿日
E-mail：＿＿＿＿＿＿＿＿＿＿＿＿＿＿＿＿＿＿＿＿＿＿＿＿＿＿
地址：□□□□□＿＿＿＿＿＿＿＿＿＿＿＿＿＿＿＿＿＿＿＿＿＿
電話：＿＿＿＿＿＿　手機：＿＿＿＿＿＿＿＿＿　傳真：＿＿＿＿＿＿＿＿
職業：□學生　　　　　□生產、製造　　□金融、商業　　□傳播、廣告
　　　□軍人、公務　　□教育、文化　　□旅遊、運輸　　□醫療、保健
　　　□仲介、服務　　□自由、家管　　□其他

▶

1. 您如何購買本書？□一般書店（　　　　書店）□網路書店（　　　　書店）
   □大賣場或量販店（　　　　）□郵購　□其他
2. 您從何處知道本書？□一般書店（　　　　書店）□網路書店（　　　　書店）
   □大賣場或量販店（　　　　）□報章雜誌　□廣播電視
   □作者部落格或臉書　□朋友推薦　□其他
3. 您通常以何種方式購書（可複選）？□逛書店　□逛大賣場或量販店　□網路　□郵購
   □信用卡傳真　□其他
4. 您購買本書的原因？□喜歡作者　□對內容感興趣　□工作需要　□其他
5. 您對本書的內容？□非常滿意　□滿意　□尚可　□待改進＿＿＿＿＿＿＿
6. 您對本書的版面編排？□非常滿意　□滿意　□尚可　□待改進＿＿＿＿＿＿＿
7. 您對本書的印刷？□非常滿意　□滿意　□尚可　□待改進＿＿＿＿＿＿＿
8. 您對本書的定價？□非常滿意　□滿意　□尚可　□太貴
9. 您的閱讀習慣：(可複選)　□生活風格　□休閒旅遊　□健康醫療　□美容造型　□兩性
   □文史哲　□藝術設計　□百科　□圖鑑　□其他
10. 您是否願意加入日日幸福的臉書（Facebook）？□願意　□不願意　□沒有臉書
11. 您對本書或本公司的建議：＿＿＿＿＿＿＿＿＿＿＿＿＿＿＿＿＿＿＿＿＿
    ＿＿＿＿＿＿＿＿＿＿＿＿＿＿＿＿＿＿＿＿＿＿＿＿＿＿＿＿＿＿＿＿＿
    ＿＿＿＿＿＿＿＿＿＿＿＿＿＿＿＿＿＿＿＿＿＿＿＿＿＿＿＿＿＿＿＿＿

註：本讀者回函卡傳真與影印皆無效,資料未填完整即喪失抽獎資格。